《百年巨匠》编委会

总 顾 问：蔡　武　胡振民　龚心瀚　王文章　胡占凡

顾　　问：靳尚谊　范迪安　王明明　吴为山　沈　鹏　苏士澍

　　　　　吕章申　尚长荣　蓝天野　濮存昕　傅庚辰　莫　言

　　　　　傅熹年　张锦秋　张保庆　顾明远　张伯礼　黄璐琦

　　　　　杜祥琬　齐　让　鲁　光

《百年巨匠·教育体育篇》编委会

学术指导：王学军　方惠坚　刘璐璐　李　祥　宋以庆

　　　　　张　健　陈洪捷　商金林　储朝晖（按姓氏笔画排序）

主　　任：袁小平　杨京岛

主　　编：陈　宏

编　　委：陈汝杰　李萍萍

统　　筹：裴永忠　梁　辉　董思远　杨　洋　王晓红　李逸辰

编 辑 组：蔡莉莉　曾　丹　金美辰　杨　珺　王慧雅　张栩彤

纪录片编导组：刘卫国　刘占国　刘立钢　孙秀峰　吴静姣　张建中

　　　　　　　贾　娟　高　天　郭　鹏　郭奎永（按姓氏笔画排序）

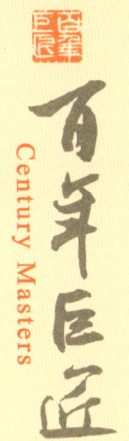

马约翰

陈宏　曾丹　孙秀峰 ◎ 编著

马约翰/力争 作

浪淘沙·马约翰

风起校园间,
死水微澜。
病夫屈辱若许年。
跃起绿荫龙虎影,
健我儿男。

体魄胜于天,
社稷泰安。
青春飞动笑声喧。
心血殷殷终不悔,
咏唱人间。

凯文 词

宣传巨匠推广大师 为时代树立标杆

蔡武

原文化部部长 《百年巨匠》总顾问

文化精品创作工程包括重大出版工程、影视精品工程。《百年巨匠》就是跨界融合的一个重大文化工程，它深具创意，立意高远，选题准确、全面，极富特色，内容精彩纷呈，内涵博大精深，基本涵盖了我国20世纪这一特定历史时期在文学艺术方面的成就及其代表人物。它讲述的不仅仅是各位巨匠的传奇人生，更是他们的文学艺术成就同民族、国家，同历史、文化，同当代世界，同20世纪风云激荡的年代，以及同人民的命运都是紧密相连的。他们的成就对整个社会产生了重要而深远的影响。因此，立足21世纪的当今，系统全面科学解读巨匠人生与大师艺术，有着特殊而积极的意义，是社会和时代的要求。

作为一个有影响力的文化品牌，《百年巨匠》的表现形式也是多样的。《百年巨匠》丛书和纪录片互动互补，是出版界与影视界的跨界合作与融合发展，形成了叠加影响和联动效应，进一步丰富和扩大了品牌的内涵和外延。在信息社会"四屏"时代，用这样的一种方式来表达重大深刻的主题，具有重大的创新意义，是对中华优秀文化传承发展进行创造性转化、创新性发展的成功探索。体现出强烈的历史感、时代性、民族性，具有鲜明的中国特色，必将产生深远的影响。

一个民族自立于世界民族之林，离不开民族的自信心与自尊心。而民族的自信心和自尊心有其思想基础和人文轨迹，即对民族文化的重要代表人物和优秀传统应当有比较全面的了解并进行广泛传播。一个国家的历史需要记录，文化艺术同样如此。《百年巨匠》丛书秉承文献性、真实性、生动性原则，客观还原大师原貌，以更为宏阔的历史维度对大师们所经历的时代给予不同视角的再现和解读，为读者开启一扇连接20世纪中国近现代文化艺术史的大门。

巨匠们的艺术成就、人生经历、精神高度，彰显了中华民族文化在这个时代所能达到的高度，不仅有文学艺术上和文化史上的价值，而且有人文思想美学上的划时代性贡献。《百年巨匠》可以增强我们的文化自信和实现中华民族伟大复兴的意志。

《百年巨匠》还有一个重要意义，它能够激励我们后来人砥砺奋进，勇攀高峰。这些文化艺术巨匠有着深厚的爱国情怀和强烈的民族责任感，他们将个人荣辱兴衰与国家、民族命运联系起来，用文化艺术去改变现实，实现理想。在新旧道德剧烈冲撞中，他们所表现出来的高风亮节是后来人的楷模。他们所传导出的强大正能量，会激励一代又一代广大读者，对促进我们整个民族新一代的教育与成长，有着非常重要的启迪意义。他们的精神是引领和鼓舞我们再出发的航标与风帆。

《百年巨匠》也给了我们很多的启示，可以帮助我们回答和破解"钱学森之问"。20世纪产生了那么多的大师，新世纪、新时期我们应该如何助推产生出新的大师？这些巨匠的成长轨迹给我们揭示了大师们成长的规律,如要深具家国情怀,要胸怀高远理想;要深深扎根于人民,与人民同呼吸共命运;既继承民族优秀传统文化,又要勇于创新;并以非常包容的心态去拥抱一切文明成果等。

《百年巨匠》仅反映了20世纪百年的文化形态和人文生态,我们应该把这个事业延续下去,面向21世纪。对艺术大师的发掘是通过他们的作品来体现的,而他们的作品既是中华文化的传承,又进一步丰富、创新了中华文化的构成。从这个意义上讲,宣传这些艺术巨匠就是弘扬中华文化。这些艺术巨匠作为中国名片,拥有较强的国际影响力,这一工程的推进,可以有效推动中华文化和中国出版走出去。不仅仅局限于艺术领域,还可以从广度上、外延上扩大至整个文化领域,甚至把科技、教育等领域的巨匠们也挖掘展示出来。

一个国家文化事业的繁荣与发展,既需要广大艺术家的努力,也需要大师巨匠的引领。宣传巨匠,推广大师,为时代树立标杆,无疑是我们责无旁贷的历史责任。巨匠之所以是巨匠,大师之所以能成为大师,是因为他们以具有强烈时代感和创新精神的作品站在了巅峰。而他们巨作的背后,是令人钦佩的工匠精神,这种工匠精神的发掘和弘扬在当下具有重要的现实意义。同时,这百年的文学艺术史已有的众多成果,从学术上也要系统总结。而长期以来一直困扰我们的一大难题,就是如何把这些重要的学术研究成果进行转化和再创造,使之成为可被大众接受、雅俗共赏的精品佳作。从这个意义上讲,《百年巨匠》丛书的出版也是非常值得赞许的。

当前,我们的文化艺术事业虽然取得了长足的进步,但是相对于时代的重任，人民的厚望，尚有作品趋势跟风、原创性匮乏、模仿严重等问题，希冀大家在《百年巨匠》作品中得到更多的启迪和感悟。

我们国家正处在重要的历史时期，为我们文艺创作提供了丰沃的土壤和广阔的空间。中华民族的伟大复兴，呼唤一切有为的文艺工作者，为繁荣中国特色社会主义文化、建设社会主义文化强国，奉献毕生的才华和创作热情，将高度的社会责任感和历史使命感化作文艺创作的巨大动力，创作出无愧于时代、无愧于祖国和人民的优秀文艺作品，让我们这个时代的文艺创作异彩纷呈，光耀世界。

弦歌不辍 薪火相传

——《百年巨匠·教育体育篇》丛书序

袁小平

中国教育电视台台长
中国广播电视社会组织联合会副会长

如果说文明是一条奔流不息的大河，那么教育就是文明的河床。国人对教育的重视与五千年文明史相伴始终，从春秋时期的诸子百家到顾炎武、王夫之等近代学者，教育先贤们构筑起中国古代独具特色的思想教育体系，在一次次选择和传承中，对社会和文化发展产生了深远影响。

教育不仅在选择和传递文化，同时也在创造和更新文化。近代以来，中国的教育家群体一直面临两个不容回避的问题：一是如何适应世界教育发展趋势，服务于"教育救国"需要，建立近代意义上的教育体系；二是如何保持教育的民族性，建立中国化的现代教育体系。

面对时代赋予的重任，蔡元培、张伯苓、陶行知、蒋南翔、吴玉章、马约翰、叶圣陶等教育大家各抒己见，创造出中国近现代教育一个百家争鸣的开端：蔡元培的"思想自由、兼容并包"、张伯苓的"允公允能，日新月异"、陶行知的"生活即教育，教育即生活"、黄炎培的"大职业教育主义"、蒋南翔的"为祖国健康工作五十年"……

这些主张有的直指"读书只为考取功名"的传统功利思想，有的努力破除知识只被少数人掌握的藩篱，有的激励救国热情，有的深刻影响着中国体育教育发展……他们在国家蒙辱、人民蒙难、文明蒙尘的至暗时刻，写下中国教育由传统向现代转型的开篇，照亮了中国教育的前行方向。时至今日，我们仍能看见这些教育思想流淌在小学、中学、大学的课堂内外，流淌在办学模式、管理体制、保障机制等方方面面，流淌在国人对教育的美好愿景中，为建设高质量教育体系、发展素质教育、促进教育公平输送着源源不断的灵感。

世界正面临百年未有之大变局。当我们又一次站在历史的十字路口，新时代新征程的使命任务促使我们去思考，培养什么人、怎样培养人、为谁培养人。而对于每一个关心教育领域、渴望获得教育亦或躬耕教育事业的人，教育先贤们简单的一句话，或是简短的一个故事，都可能成为我们与历史和时代共鸣的契机。

社会变迁、文明转型带来了日新月异的变化，也给教育带来了更大挑战。即使是在今天，中国已经建成了世界上规模最大的教育体系，也不得不承认仍有许多问题需要去回答、去实践。正因为如此，回望来路才显得格外富有意义。

诚然，世界上没有可以奉为圭臬的金科玉律，丰富的教育遗产也需要客观评估，取其精华，创造性地继承和使用。但可以肯定的是，蔡元培、张伯苓、蒋南翔、吴玉章、陶行知等教育先贤们的精神和他们把个人教育理想融入民族历史进程的实践，足以激励后来者不断向前，以无限智慧和勇气直面今天教育发展中的诸多问题。

  投身教育事业的人众多，为何他们能称为巨匠？不仅在于他们在教育现代化转型中拓荒先行，也不仅在于他们的教育思想仍然熠熠生辉，还在于他们身上"心有家国情怀、肩挑国家责任"的教育风范仍然山高水长。

  为深入贯彻落实习近平总书记关于教育家精神的重要讲话精神，中国教育电视台联合中国文学艺术界联合会、中国文学艺术基金会、百年巨匠（北京）文化传播有限公司，策划制作了弘扬教育家精神的大型人物传记纪录片《百年巨匠·教育体育篇》。该片于2024年全国两会期间，从3月4日起在中国教育电视台晚间黄金时段重点播出，其后陆续在学习强国、中央广播电视总台等主流媒体播出。

  纪录片《百年巨匠·教育体育篇》，讲述蔡元培、陶行知、黄炎培、吴玉章、叶圣陶、马约翰、蒋南翔、董守义等著名教育家（含体育教育家）的生平事迹、教育活动、教育思想、教育贡献、历史影响，以及对今天的启示，展示他们"学为人师，行为世范"的教育情操和人格魅力，讴歌他们教育救国、教育强国的家国情怀和理想信念。

  本着对先辈的敬重和对历史的尊重，摄制组在拍摄之初就提出了"见人、见事、见物"的创作理念。制作团队走访了世界各地与纪录片《百年巨匠·教育体育篇》中人物有关的众多红色遗址、旧址及纪念设施，深入拍摄名师巨匠的故居、纪念馆，还专程拜访了相关的历史专家、研究员、亲历者，以及大师们的亲属和后人，通过实地走访与口述历史等方式，挖掘出大量具有生活温度、情感浓度以及思想深度的史料细节，并通过多种渠道拍摄、收集和整理了大量的文献资料、遗物、遗存。很多首度揭秘的珍贵历史档案，不仅让观众知晓了许多此前不为人知的历史细节，这些不为人知的幕后付出，也让这段历史故事不再只是一堆冷冰冰的资料，而是有了超越文学书籍和虚构影视作品的感染力与震撼力。由马约翰先生的夫人亲手缝制的西南联大唯一的一面校旗，仍然珍藏在西南联大博物馆中，诉说着中国高等教育史上西南联大八年扎根边疆、学术报国的历史往事。

与目前反映教育家的多数作品不同的是，纪录片《百年巨匠·教育体育篇》注重讴歌对新中国高等教育作出重大探索和重要贡献的红色教育家，如吴玉章、蒋南翔等。第九届全国人大常委会副委员长彭珮云同志，在接受节目组采访时深情回忆："1953年，清华大学实施由蒋南翔先生提出建立的政治辅导员制度，并选出了25人担任政治辅导员。他们和学生同吃、同住、同学习，负责班级的日常思想政治工作和党团组织建设工作，这样既有利于密切联系学生，深入开展思想政治工作，引导学生努力做到'又红又专'，又为国家培养和输送了一批'又红又专'双肩挑的干部，南翔同志曾对他们说，年轻的时候做些思想政治工作，学些马列主义理论，将对终身有益。"曾任全国政协副主席的郝建秀曾回忆道："吴玉章校长给了我很多指导和帮助，他把我邀请到家中，专门做了重点辅导。"很多年后，当郝建秀一步步走上纺织工业部副部长、国家计划委员会副主任、全国政协副主席的岗位，这一段火热的求学时光无疑为一名年轻的纺织女工成长为共和国纺织工业的领导者铸造了坚实的教育之基。

教育乃"国之大者"。中国教育电视台作为唯一的国家级专业教育传媒平台,作为中国式现代化历史进程和中华民族现代文明建设的记录者、传承者、弘扬者,肩负着提高国民教育文化素质、促进广大青少年健康成长的使命。我们希望与其他合作机构一起让《百年巨匠·教育体育篇》能够成为一扇窗口,以有限的文字与影像,尽最大努力向世人展示教育大家们丰富的精神思想遗产。

故结此集,与读者共享共思。

重塑巨匠形象 重温巨匠精神
——《百年巨匠·教育体育篇》丛书出版说明

陈宏

《百年巨匠·教育体育篇》总编导

《百年巨匠·教育体育篇》丛书根据同名人物传记类纪录片拓展编著而成，目前正式推出关于蔡元培、陶行知、黄炎培、吴玉章、叶圣陶、马约翰、蒋南翔、张伯苓、董守义九位著名教育家（含体育教育家）的作品，讲述他们的生平事迹、教育活动、教育思想、教育贡献、历史影响以及对今天的启示，展示他们"学为人师，行为世范"的教育情操和人格魅力，讴歌他们教育救国、教育强国的家国情怀和理想信念。

一、背景意义

教育乃"国之大者"。教育在国家富强、民族振兴和社会发展中具有基础性地位；师者乃人类灵魂之工程师，承载着传播知识、播种文明和培根铸魂、塑造新人之时代重任。回望过去的一百年，特别是上个世纪的上半叶，教育在改造社会、教师在重塑国民的伟大社会革命实践中发挥了基础性和先导性作用。习近平总书记曾指出，教师是人类历史上最古老的职业之一，也是最伟大、最神圣的职业之一。在古代，孔子被推崇为"大成至圣先师"，被誉为"万世师表"。在中华民族文明发展史上，特别是在近现代百年来中国教育事业发展的历史进程中，英雄辈出，大师荟萃，涌现出许许多多辛勤耕耘、涉猎广博、造诣精深的"大师级"教育家，不同程度地推动了中国社会历史的发展。随着岁月的流逝，如何将他们的教育实践、教育思想、教育成果、大师精神保存和传承下去，构建系统丰富的中国教育名家大师的教育人生档案和思想精神宝库，并使之成为滋养广大青少年的精神文化财富，是一项具有重要意义的文化教育工程。鉴于此，中国文学艺术界联合会、中国文学艺术基金会、中国教育电视台与百年巨匠（北京）文化传播有限公司携手联合相关单位及机构，勇担历史赋予的责任和使命，组织教育领域和影视领域相关专家学者，站在继承和丰富中国传统教育文化的历史高度，汲取国际先进教育理念，共同策划制作播出了大型教育（含体育教育）题材人物传记类纪录片《百年巨匠·教育体育篇》，获得了中国电视金鹰奖等十余个奖项，在社会上引起广泛反响。重塑大师形象，重温大师精神。这套丛书就是基于该部大型系列纪录片的基本视角、基本结构、基本内容、基本理念，从百年巨匠的维度，用习近平新时代中国特色社会主义思想以及习近平总书记关于教育的重要讲话精神为指导来解读中国著名教育家（含体育教育家）的人物传记作品。

　　高山仰止，金鉴万代。用纪实美学的方式编著在教育界有重大影响、有卓越成就的名家大师，激活、唤醒、重塑他们的人文情怀、爱国精神和理想信念，具有重要的历史文献价值和社会时代价值。这是中国教育事业发展变迁的历史见证，是无数教育人智慧与汗水的结晶，是给后辈留下的珍贵遗产，也是展示国家民族文明进步的窗口。这些资源可以为校园思想政治教育提供珍贵的教材教案，可以为新时代造就有品德、有品格、有品位的"大先生"提供宝贵借鉴，可以为培养中华民族伟大复兴栋梁之材提供精神滋养。

二、编著原则

总的来说，《百年巨匠·教育体育篇》丛书脱胎于大型系列纪录片《百年巨匠》，因此，这套丛书首先要处理好承继性。电视纪录片《百年巨匠》及其各系列同名书籍由若干篇章构成，像建筑篇、艺术篇、音乐篇等等，这些作品在出品方的要求下，已经形成了统一的风格样式，因此本系列丛书在大的纪实风格样式上不去打破。其次是要坚持创新性。有继承，也应有创新。不同系列作品一波又一波的主创团队在尊重《百年巨匠》基本风格样式的基础上，又不同程度地加入了自己的创见。而且《百年巨匠》创作已逾十年，过去的十年和新的征程，既有历史的连续性，又有新的时代特征，创作者理应紧密把握时代发展大势和教育发展趋势，创作出回应时代关切的作品来。本系列的创新主要体现在"致广大而尽精微"：视野更加深远辽阔，观照中国历史和人类世界的教育大师和教育思想；谱写更加精准细腻，在教育强国、科技强国、数字中国、职业教育等领域发挥人物传记讲好中国故事、传播好中国声音的独特价值，使《百年巨匠》品质达到新高度。

具体来说遵循以下原则：

一是**教育视角**。丛书讲述的教育家（含体育教育家），他们大多具有多重身份，但这里主要讲述其教育身份的这一面，侧重从教育角度讲述他们的教育历程、教育理念和教育贡献，并从中勾勒出鲜明的性格特征，凸显其卓越的人格魅力、崇高的精神情操及深沉的家国情怀。对其教育身份产生重要影响的其他事迹也稍有涉及。

二是当代视角。任何历史都是当代史。充分运用最新前沿研究成果，挖掘和披露新的史料，用当代视角解读诠释这些教育家，力争在一定程度上填补历史空白，努力使该书对当下教育有启发；建立与当下生活的连接，注重引发年轻人的共情，用他们的教育情怀和精神情操引领、滋养今天的教育工作者和广大青少年学生。

三是准确权威。因为是在为国家民族巨匠画像，作品中的史料、提法、评述力求准确，经得起当下的和历史的检验。对转述其他专家评价，包括采访其亲属和身边工作人员的提法也力求翔实，避免对大师过分拔高，在定性表述上谨慎用词，并对别的文献中使用过的"之父、奠基者、开创者、唯一"提法，慎之又慎，多方考证再用。

三、创作风格

丛书采用人物传记体，进行具有创新性的纪实美学表达。每册统一体例，内容包括引子和主体故事，其中主体故事由若干小故事构成，形成有张力、有冲突、有温度、有思想韵味的人物传记。

将大师的个体人物历史融进国家史、民族史、教育史中，紧密联系当时的历史背景和时代特征，讲好家教与中国传统文化、传统教育以及国际教育理念的关系，增加文本的底蕴与厚度，着力表现他们在波澜壮阔的历史潮流中，献身于国家与民族的伟大情怀和创造精神。

聚焦大师人生历程的几个转折点，通过故事化、传奇性的叙述展现人物跌宕起伏的命运史诗。人物创作如果把握不好很容易沦为生平事迹的流水账式介绍，类似人物的"日记体"、年谱，同时，也不能变成艰深晦涩的学术罗列。要讲好故事，必须挖掘其人生历程中的人物命运感，凸显其悬念、冲突、戏剧性。当然，只讲故事不带出理念，也会使作品失去高度和特色。本书努力将理念寓于故事中，并使其成为推动故事进展的内在逻辑力量。

用艺术展示学术。坚持"用形象演绎逻辑、用艺术展示学术、用故事阐释言论、用客观表达主观"的原则，努力把隐形化、基因化、碎片化的学术观点、历史资料变成具象化、故事化的表达。以润物细无声的方式，将学术观点渗透到大量史料和感人的故事中，做到艺术性和学术性的有机统一：无生搬硬套之嫌，有水到渠成之妙。

人物生活化。改变对大师"高大全"形象的塑造，而是再现一个更加人性化、生活化的有血有肉的大师形象。力求将大师伟大的人格与细腻的情感统一在故事中，用以小见大、由近及远的表现形式梳理人生，展现大师的教育实践、人格魅力，让大师的故事更加贴近生活、贴近历史，在波澜壮阔的历史洪流中彰显大师的家国情怀与教育贡献，努力追求作品既反映历史真相又记录时代进程，使其具有较强的文献传承性、历史厚重感和时代感召力。

特别要说明的是，研究这九位大师的九位著名学者，他们既是同名纪录片的学术撰稿人,也是本系列丛书的学术指导。他们以专业的学术见地和学术态度为丛书贡献了甚至毕生的研究成果,其中中国教育科学研究院的储朝晖研究员作为本系列丛书学术专家的组织协调者付出了更多心血;同名纪录片的编导主创团队也为本书提供了大量一手采访素材,包括收集到的多种文献资料;九位大师的家人、亲友,同事、学生等,深情讲述了他们的故事,也为本书提供了若干史料。是大家共同谱写了九位大师的人生故事,共同奏响了九位大师的命运交响曲,在此一并表达谢意!还要感谢外文出版社的大力支持,感谢胡开敏社长的热情指导,感谢蔡莉莉主任高度的责任感和辛勤付出,使本系列丛书得以顺利付梓!

目 录

引　子　　　　　　　　　　　　　　　　　　　　/ 1

第一章　击浪少年　　　　　　　　　　　　　　　/ 7

第二章　体育新星　　　　　　　　　　　　　　　/ 13

第三章　变"强迫运动"为"主动运动"　　　　　　/ 29

第四章　体育教学升级了　　　　　　　　　　　　/ 41

第五章　远东奥林匹克运动会　　　　　　　　　　/ 55

第六章　春田学院进修之旅　　　　　　　　　　　/ 61

第七章　在清华的第二个五年　　　　　　　　　　/ 71

第八章　运动的迁移价值　　　　　　　　　　　　/ 81

第九章　失而复得的"教授"头衔　　　　　　　　/ 95

第十章　百花齐放的运动　　　　　　　　　　　　/ 109

第十一章　曲折的奥运之路　　　　　　　　　　　/ 121

第十二章　最长情的告白　　　　　　　　　　　　/ 131

第十三章　教育长征　　　　　　　　　　　　　　/ 141

第十四章　家庭体育教师　　　　　　　　　　　　/ 157

第十五章　云南体育风云	/ 169
第十六章　千秋耻，终当雪	/ 179
第十七章　第一堂体育课	/ 187
第十八章　我的干劲更大了	/ 195
第十九章　运动盛会	/ 209
第二十章　健康工作五十年	/ 219
第二十一章　全国的马约翰	/ 231
参考书目	/ 238
编导手记	/ 240

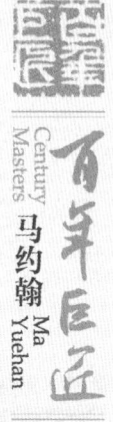

引 子

清华大学里的马约翰雕像

2023年4月30日，活力四射、斗志昂扬的清华师生们陆续走进清华大学东大操场。这一天是清华大学112周年校庆日，也是清华第66届"马约翰杯"学生田径运动会开幕的日子。入场的方阵掀起了一波又一波高潮，让全场都沸腾了起来。

压轴出场的五个校友方阵由462名校友组成，成为开幕式上最大的亮点之一。五个校友方阵包含了毕业十年的2009级校友方阵，毕业二十年的1999级校友方阵，毕业三十年的1988级校友方阵，毕业四十年的1978级校友方阵，还有研究生校友方阵。各个方阵的口号响亮地回荡在操场上空！

"拾光匆匆正扬帆，青春恒久共远航。"

"感恩母校，廿念不忘；携手同行，久久同心。"

"清华八八，踔厉奋发，感恩母校，报效国家。"

"改革开放1978，自强不息振兴中华。"

……

这些方阵中最为年长的清华学子已年逾七十，这些清华人从四面八方赶来，参加清华一年一度的"马约翰杯"。结束这次旅程后，他们又怀着"争取至少为祖国健康工作五十年"的热望，再次启程，回到各自的工作岗位上，默默奉献，忘我工作。

"争取至少为祖国健康工作五十年"是清华的老校长蒋南翔提出的，也是在马约翰先生为清华工作五十年的庆祝会上提出的。蒋南翔校长当时说道："马老今年已经76岁了，还是红光满面。我们每个同学要争取毕业后工作50年。"

马约翰是中国第一位体育教授，是中国体育界的一位"旗帜"性人物，更是中国近现代体育事业的开拓者，被称为"中国现代体育之父"。他的体育理论和教学方法影响了无数人，对清华乃至我国体育事业贡献卓著。

"马约翰杯"学生田径运动会正是以马约翰先生的名字命名，马约翰坚信体育是激发爱国热情和养成健全人格的重要手段，他提出运动场上得来的各种可贵的心理品质，均可体现在人生的诸多领域中。

"马约翰杯"是清华最重要的体育比赛，已成为清华大学的传统赛事，至今已举办了66届。它的现行赛制是从1997—1998学年度开始设立，最初只有群体项目、越野赛和田径3个大项，经过20多年的发展，现在的"马约翰杯"比赛项目涵盖了奥运项目、民族传统体育项目和休闲体育项目等40多个项目。这座奖杯激励着清华学子强健体魄、锐意进取，更见证了一批又一批运动健将不断突破、创造奇迹。

清华大学党委常委、副校长曾嵘在运动会上说："体育育人一直是清华坚持的重要教育理念，是我校人才培养工作的重要环节，从马约翰先生《体育的迁移价值》理论，蒋南翔校长提出'为祖国健康工作五十年'，21世纪初育人至上，体魄与人格并重的体育教育观，到清华学子自发喊出'无体育，不清华'的口号，无不体现出清华体育的光荣传统和体育精神。"

1986年4月，在清华园西大操场西南侧的小广场上，树立起一位老人的雕像，这位身着衬衫、灯笼裤和半腿袜的老人就是马约翰。他的矫健身姿，他的马甲短裤曾是学校里一道独特的风景线。如今，这位鹤发童颜的老人面带微笑，在清华园的小广场上几十年如一日地守望着这座学校，静静欣赏着在岁月流转中的一幕幕动人风景。

远在千里之外的厦门鼓浪屿有一个马约翰体育场，体育场里有一座与清华园南北呼应的马约翰塑像。鼓浪屿这座1.87平方公里的小岛与厦门隔海相望，如同一座四季如春的"海上花园"，140多年前，马约翰的故事就从这里开始。

第一章

击浪少年

在福建省的厦门岛西南隅，有一座与厦门岛相隔600米的小岛，小岛上有一处海蚀岩洞受浪潮冲击，声如擂鼓，在明朝时得名"鼓浪屿"。这座海礁嶙峋、岸线逶迤的风情小岛成为一片音乐的沃土，孕育了100多个音乐世家，岛上人均钢琴拥有率为全国第一，有着"钢琴之岛""音乐之乡"的美誉。

19世纪末，厦门开放为通商口岸，一大批外国领事、传教士进入了厦门和鼓浪屿，他们被鼓浪屿的阳光、沙滩和海岸吸引，开始在岛上修建房屋。这一时期的鼓浪屿，建筑密集程度并不高，岛上有很多空地，本地人的村落静静地扎根在低地上。

1882年10月10日，鼓浪屿的一个普通基督教家庭迎来了家里的第二个儿子，为他取名马约翰。

山水环抱的鼓浪屿成了马约翰成长中的一个乐园，他从小就喜欢在户外活动，他的家离海边很近，推开家门跑步100多米就到了海边。马约翰经常和其他孩子们一起到海滩上玩水、捉鱼虾，他们在水里游泳，一游就是几个钟头。海浪打过来，他们都不害怕，反而更加欢欣雀跃。

马约翰常常跟小伙伴一起在山上跑跳，他们一起爬树，一起钻山洞，这群自由的孩童常常不到天黑不回家。马约翰在学习大自然丰富知识的同时，也让身体得到了锻炼，他的体质在鼓浪屿得天独厚的自然环境中打下了很好的基础，身体像小铁锤一样结实。

鼓浪屿

　　马约翰的童年沐浴在阳光中，自由而畅快，然而这段快乐时光并没有持续太久，他的生活很快因为双亲的陆续离去而增添了数层阴霾。就在马约翰3岁时，母亲不幸离世，还在懵懂时期的马约翰从此便没了母爱。4年后，让家里雪上加霜的事发生了，马约翰的父亲去世，家里最后的顶梁柱也塌了。马约翰从此成了孤儿，孤苦伶仃的他只能和哥哥保罗相依为命，兄弟俩在亲友及教会的救济下，得以生存，慢慢长大。

　　在鼓浪屿长大的普通人的孩子，很少有上学的机会。马约翰到13岁时才开始上私塾，他在1954年所写的《我的健康是怎样得来的》一文中说道："由于家庭经济比较困难，我到13岁才入学。一跨进学校大门，就看见所有的同学都是脸色苍白、文质彬彬的。最难过的是左看右看全是些房子，连一点草地也没有。我最熟悉和最喜爱的生活，在这样的环境里很容易发生变化。但我却想尽了办法来锻炼，没法跑跳，我就跳凳子跳木桩，总之我是不愿意成天坐着不动的。"

鼓浪屿的海边

第一章 击浪少年

马约翰不愿意像一些同学那样整天呆坐在教室里，他想办法来锻炼，也带动了一些同学和他一起运动。那时的马约翰连"体育"这个名词都没有听过，他却自有一套独特的锻炼方式。这个时期的"体育"刚刚从西方传入中国，还局限在军事体操的范畴内，只作为一部分特定人群的锻炼方式。

明清两代出现了中国封建社会后期的一段鼎盛时期，相对稳定的社会局势，也成为中国古代体育发展的一个重要历史时期，传统的蹴鞠、击球、捶丸这些体育活动逐渐走向衰弱，而角抵、龙舟竞渡、棋类、秋千、风筝、举重、踢毽子、跳百索等体育活动开始在民间普及，逐渐流行起来。

到了1840年，鸦片战争爆发，帝国主义列强用大炮轰开了中国闭关自守的大门，中国一步步地沦为半殖民地半封建社会，国人尝尽国土沦丧的耻辱，开始睁眼看世界，学习西方的先进之处。魏源写下《海国图志》，提出了"师夷长技以制夷"，明确地指出："夷之长技有三：一战舰，二火器，三养兵、练兵之法。"从书中的养兵和练兵的方法里，可以看到近代军事训练活动中最早引进的近代西方体育形式——"兵式体操"。"兵式体操"由此冠上了体育的名号，让中国人在最初朦胧的体育观念上，对其打上了浓浓的军事烙印。

洋务运动从实践和理论两方面引进了西方近代体育，以洋操、洋枪、洋炮为主要训练内容，开始编练新式军队。19世纪末，北洋水师学堂、天津武备学堂等学堂大多依照国外同等学校来设置学生的课程，许多学堂都有体操课程。北洋水师学堂所教的体操最初为德国操，到了戊戌年间改为英国操。北洋水师学堂的体育课有击剑、刺棍、木棒、拳击、哑铃、足球、跳栏比赛、算术比赛、三足竞走、羹匙托物竞走、跳远、跳高等项目，还有游泳、滑冰、平台、木马、单双杠及爬山等项目。

不久之后，维新思潮开始涌向全国，国人们从更深的层面上意识到近代体育不仅有军事上的强兵作用，还有在国家和民族长远利益上的强种强国作用。

1904年，晚清政府公布了中国近代史上第一个学制——《奏定学堂章程》，明确规定："各学堂一体练习兵式体操，以肄武事。"由此，近代西方体育开始从军队走进中国学校的课堂。到了1906年，清朝政府学部又通令全国各省，在省城师范学堂附设"五个月毕业"的体操专修科。在辛亥革命前，许多即使是寺庙办的学校，也陆续开设了体操课。"体育"逐渐确立了它在中国社会发展中的主流地位。

1900年，18岁的马约翰和他的哥哥马保罗被送到了上海，兄弟俩在基督教青年会办的明强中学读书，开始了真正的学校生活。经过四年的寒窗苦读，马约翰考入了当时有名的教会学校圣约翰大学，在当时这个中国最现代化的学校，开启了他的体育人生。

百年巨匠 马约翰 Ma Yuehan Century Masters

第二章 体育新星

圣约翰大学由基督教青年会创办于1879年,在1881年成为中国首个全英语授课的学校。这所美国教会学校最初叫圣约翰书院,到1905年才改名为圣约翰大学。这所现代化学院最为有名的是英语和中文的高标准教学,凡是被这个学校采用后被其他学校学用过的内容,就会被全国各地的学校陆续模仿。圣约翰大学是当时上海甚至全中国最优秀的大学之一,被称为"东方哈佛",亦有"外交家的摇篮"之盛名。

学校坐落在一条河畔的村庄上,占地大约38英亩,有8幢大楼,两个大运动场和一个小体育馆。学校坚持通识教育、科学教育、体育教育三者并重,一直都有重视体育的传统,学校建校之初,还没有正规的体育训练制度。教师们受学校委托对学生进行训练,首要形式是军操,同时辅以徒手体操,这一切都是必修的,而网球、英式足球、垒球以及田径运动则是为了娱乐。

学校在1890年就举办了该校历史上第一次全校运动会,此后每年的春季和秋季各举行一次,这些体育活动成为中国近代最早的运动竞赛之一。1895年时,一批檀香山的华侨学生归国后来到了圣约翰书院,爱好体育的他们很快带动了学校的网球、棒球、足球等西方体育运动。

1904年,马约翰考入圣约翰大学,先学了两年预科,再开始四年的理科学习。学校的校长和教师大多是美国人,除了中文以外,其他课程完全使用英文课本，老师也用英文讲学。学校自1896年成立体育部后，就开始了正规的体育教学，校园里的体育氛围十分浓厚。

军操被认为是国人改变姿势的最佳方式，便被许多学校当作一种训练学生的方法，圣约翰大学除了星期天之外，规定学生在每天早晨7∶15都要做半小时的柔软体操，军操则是每周三次，分别在星期一、星期三、星期五进行。军操和柔软体操都是为了矫正学生的姿势。

军操的管理制度严格参照了美国的陆军条例，规定每个学生都必须接受训练，对上级的命令要绝对服从。学校对学生的要求极其严格，曾经有一个学生只是模仿了一下队长作指挥的样子，就被校长开除了学籍。学生有过失就必须受到惩罚，且不容他们辩解，学生每犯一次过错，就要在星期六下午到教室去坐半小时的禁闭，学生在一年里如果有50次过失就会被开除。

体育比赛和竞赛运动不是强制的，教师就想各种办法鼓励学生们出去玩，有时他们还会用物质奖励去激发学生的运动兴趣，提出前三名有奖，冠军还有学校提供的金质奖章。

学校有较好的体育设备，为马约翰好动的性格提供了发挥空间。马约翰一有空暇就跑到草地上打滚，不时凌空一跃，翻起筋斗来。身强体健的马约翰对各类运动项目都非常喜欢，尤其爱好田径运动中的短距离跑和中距离跑。

当时，网球是最大众化的体育项目，圣约翰大学会向学生提供运动所需的球网、球拍和球，主管教师还专门委派了一个学生委员会来配合管理。网球季节开始前的一个星期，学生们会提出一个四人小组名单。每个小组每天会分配到一个球场号码，每组需推举出一个带头人，这个带头人就负责从主管委员会那里借取球拍和球。带头人要保管好运动装备，如果丢了球，学生就得赔偿。足球和垒球代表队也是

圣约翰大学时期的马约翰（二排右三）

如此。

马约翰自认技术比较成熟的还是网球、足球、游泳和棒球，每天下午的课结束后，马约翰至少要在这几种运动上花上两个小时的时间，他也逐渐成了学校网球、足球、棒球、田径代表队的主力队员，经常代表学校参加球类、游泳和器械操竞赛。

此外，马约翰还坚持每天早晨20分钟的体育运动，这20分钟的晨练是800—1000公尺的慢跑和几节徒手体操，都是比较轻微的活动。

马约翰后来在《我的健康是怎样得来的》一文中总结了他在这个时期锻炼的几个特点："（一）锻炼有一定的时间和逐渐增加运动量。（二）从事短距离跑、中距离跑、足球和游泳等运动，培养了速度与耐久力，并增强了内脏的机能。（三）从事多种运动项目，增进了身体的全面发展。"

　　学校里的体育运动氛围日渐浓郁，几个学院的校长们开始共同筹备一些体育比赛，一些名校之间组织起了"校际体育联合会"。苏州书院、南洋书院、南京书院和圣约翰书院四个学校每年都要共同举行两次比赛，春季举行田径运动会，冬季举行足球冠军赛，运动会和赛事在各个学校轮流举行。这四所名校里，圣约翰和南洋两校的竞争最为激烈，每次比赛，两个学校的总分都咬得很紧。

　　为参加校际运动会，每个学校都成立了体育代表队，马约翰在大学期间，表现出了极高的运动天赋，他擅长跑步，曾获得100码（1码约为0.914米）、220码、880码、1英里（约为1609.344米）等项目的全校冠军。他在圣约翰大学的7年时间里，每年都是圣约翰代表队的成员，并在校际运动会中连续7次夺得冠军，他也多次在校外竞赛中取得好名次，还创造了440码的全国纪录。

　　1905年，上海举办了"万国运动会"，这个运动会由上海基督教青年会主理和运作，比赛在一个巨大的露天广场举行，到场的观众约有5000人之多。这场大规模的比赛接纳了不同国籍、不同职业的运动员，除了上海所有大中院校的在校学生之外，还有大量的外国选手。这场运动会汇集了多国运动员同场竞技，输赢的意义变得极为特别，比赛的荣誉不仅属于个人和集体，还上升到了民族和国家层面。

　　就在1895年，中国与日本签订了《马关条约》，中国割让辽东半岛、台湾岛及其附属岛屿、澎湖列岛给日本，赔偿日本白银2亿两。这份丧权辱国的条约引发了国人的强烈不满，更让中日两国的民族矛盾变得日益尖锐。

　　在这场"万国运动会"上，马约翰就与日本运动员站在了同一个赛场上。63个竞赛者共同角逐1英里比赛的桂冠，赛场的一圈为1/4

英里，马约翰将与他们四圈定胜负！

比赛开始的信号一发出，马约翰斗志昂扬地冲向前方。整个比赛十分激烈，在前两圈，四个日本人领先在前。到了第三圈时，四个日本人一字排开，平行着跑在前面，控制住了整个跑道，挡住了其他选手的前路。在场的300多个日本观众在看台上疯狂欢呼，一副胜券在握的姿态。

紧紧跟在日本人身后的是一个中国学生，马约翰在这个中国同学后面约10码的位置，有三四个人紧跟在马约翰身后，其余的选手则被远远地甩在后面。

马约翰在赛场上没有占到优势，到了最后一圈，他开始加速冲刺！几秒钟后，他先超过了前面那个中国学生，然后朝四个日本人全速追去！

他艰难地寻找着超越这四个日本人的途径，当时的他离终点大约还有400码。

"约翰，加油！加油！"所有的中国观众都在对马约翰高喊。

伴随着中国观众的欢呼声，马约翰再次加速，开始了最后时刻的冲刺！

"跟上我！"马约翰叮嘱紧随其后的中国学生，然后，他就从右侧的两个日本人中间冲了过去。当马约翰越过这四个日本人时，那些日本观众的欢呼声戛然而止，随即发出了刺耳的尖叫声。

霎时间，每个欢呼着的中国观众都把"约翰，约翰"改成了"中国，中国"。

呐喊声激励着马约翰，他爆发出惊人的战斗力，最终以领先日本人大约50码的距离冲过了终点！

接着，"中国，中国"的呼声又迎来了一次高潮，那位中国学生也越过了那几个日本人,第二个到达了终点。

夺冠的马约翰被人们高高举起,绕场欢庆,他的逆风翻盘振奋了人心,更鼓舞了全场的中国观众。

就在中国签订《马关条约》的第二年,一个英国人在《字林西报》上发表了一篇文章,说中国人消瘦不堪、体弱多病,首次给中国人冠以"东亚病夫"的名头。自鸦片战争以来,中国饱受列强欺凌,中国人在身体素质上更是受到了各个国家的嘲笑。

这次比赛中,马约翰不仅将日本对手甩在了身后,更将这个笑名甩在了身后。以前的这类比赛,鲜有中国运动员能夺下冠军,马约翰在这次的1英里竞赛中一战成名,成为体育场上一位耀眼的运动新星。人们甚至传说,马约翰在比赛时把脑后的辫子跑得和地面平行了。

这次运动会促进了后续每年运动会的召开,唤起了学校在体育方面的更大兴趣,更激发了民众浓烈的爱国热情。

马约翰非常强烈地感受到这份为国争光的荣誉,对体育的魅力和体育精神有了更深的认识。一次校际体育比赛也让马约翰印象深刻,与以往不同的是,这次比赛引发的一系列事件让他更为深刻地感受到了体育道德的重要性。

当时南洋学堂和圣约翰大学两所学校在南洋学堂的体育场上举行了校际足球表演赛,几千名市民成群结队地赶来观看,1400名学生中,圣约翰的学生就有600名。

全场爆发出激动的呐喊声,其间也混杂着一些不屑的嘲笑声。最后,南洋以1:3的比分输了比赛。获胜的一方从欢呼庆祝的状态逐渐转为对败者的嘲弄,点燃了不少人的怒火,最终引发了两校学生的斗殴。圣约翰的学生陷入了被围困的危险局面,警察赶来后,才将他们护送离开。这场比赛造成了两校之间的敌对状态，双方学生都想在未来的比赛中进行复仇。

在南洋学堂有两名圣约翰的毕业生，一个教授，一个博士生，比赛结束后的第二天，两人照常来学堂上课，结果学生们一哄而上，砸碎了他们的汽车。两人在学生的威胁下，藏到了校长办公室，直等到天黑时才由校长亲自护送离开，走出了南洋学堂。

马约翰后来在他的《体育历程十四年》一文中评论道："他们的敌意是如此强烈而没有道理，几乎对对方的每一个人和每一件事都加以憎恨。这个南洋学校就是一所公立学校而非教会学校，尽管他们的教授和教练都是美国人而且是大学毕业生。这种情绪在其他学校或许没有如此强烈，但多少也有些相像，这纯粹是因为缺乏体育道德——这种道德被他们的教练员和教员忽视了。"

马约翰结束了四年的理科学业后，又学了一年的医学，当时班上有九人，马约翰这位运动场上的猛将，在专业学习上也有一股傲气和虎劲儿，他在课堂上还曾与教师爆发了一次小争吵。当时，课程进行到了背药名的环节，有一个同学背不出来，美国教师就骂他们："你们太笨，在美国，连小孩子都能背出来，你们还背不出。"马约翰心中不服，就同他吵了起来。

专业学习上的摩擦没有影响马约翰对医学的学习热情，医学知识启发他去探讨体育和医学的关系，充实了他后来的体育理论体系。马约翰曾说："也就从这个时候开始，我的锻炼生活才真正地走上轨道。"

马约翰在学校的最后一年参加了一场校际运动会，这场运动会被认为是校史上令人振奋的一次运动盛会，这次盛会让马约翰终生难忘。

早在运动会开始之前，就有人偷偷告诉圣约翰的对手，透露了圣约翰代表队的一些内部消息，提到他们队中的许多明星运动员身体状态都很差，此刻的圣约翰代表队是一年中最弱的时候。

当时的圣约翰代表队确实处在历史上从未有过的坏情绪中，每个人都因患各种病痛而抱怨着，团队里充满了紧张和各种不快。

在运动会开幕前一天的夜里，圣约翰代表队驾驶着一艘小小的汽艇从学校出发，赶往苏州。直到午夜时分，他们才到达苏州书院。圣约翰代表队被领到了住地，准备马上休息，然而运动员们到了一个全新的环境，一时难以适应，无法安然入睡，这又加重了他们的负面情绪。

他们的对手南洋学校，却是另一番精神面貌，南洋学校的代表队比圣约翰代表队提前一天到达了苏州书院，他们有一整天的休息时间，还占据了最好的睡铺。他们不仅带来了大量加油助威的同学，还带来了一个军乐队，乐队队员个个穿着军服，袖口里还藏着小小的校旗。他们不仅准备好了比赛，还准备好了一个聚众欢庆应有的几乎所有的元素。

运动会在巨铃声响中拉开了比赛的序幕，在四次百码预赛中，圣约翰代表队的运动员只有两人以第二名的成绩合格。这个结果迎头给整个团队敲响了一次震耳的警钟，每个人都失望了，教练们也没了斗志。

第二个比赛项目是跳高比赛，圣约翰代表队拿下了第一和第二名，这个成绩逐渐振奋了全队的士气。接着，在第三个项目 220 码决赛中，圣约翰代表队又获得了第一名和第三名。随后，代表队几乎拿下了每个项目的第一名。

最后一项比赛是最令人激动的一英里接力赛，比赛开始后，全场三四千名观众的情绪被同时点燃，他们的目光紧跟着运动员们，和他们一起神经高度紧张起来。

马约翰在接力赛中领头跑第一棒，他以领先五码跑完全程的方式为第二个伙伴开了个好头，可惜这位伙伴在第二圈失掉了二码，到了第三圈时，他们就被对手赶上了，此时赛场上的胜负，充满了悬念。

南洋的学生们发出了排山倒海的欢呼声，马约翰的队友们克服一切负面干扰，把巨大的压力转化为动力。比赛进行到最后一圈时，马约翰的团队落后对手一码，同时又有三个学校的运动员平行超过他们的选手两码。马约翰的队友背水一战，拼尽全力，爆发出最后的能量，最终超越了所有的人，以领先两码的优势第一个冲破终点，马约翰的团队成功拿下了这项比赛的冠军。

马约翰他们回到学校时，受到了全校师生的热情迎接，学校在当天晚上为他们安排了一个盛大的庆祝会。第二天，校长还给他们特批了一天假，让他们在上课前得到充分的休息。

这样的校际运动会被南北各地的学校纷纷效仿，全国各地的体育之风日渐兴盛。就在同一年，另一个意义非凡的大型运动会来临了。南洋劝业会在南京成功举办，准备将一次盛大的运动会放在博览会期间举行。这次运动会参考了校际运动会模式，分为两部分，一部分是公开赛，另一部分是校际赛。总共约有40个中等和高等院校参加了后一种校际赛比赛。

这场大型运动会受到现代奥运会的启发，借鉴了1900年法国巴黎奥运会和1904年美国圣路易斯奥运会的经验，采用"奥运会+博览会"的模式。运动会在博览会所在的广场举行，广场是一个两英里长的赛马道，共有100码和220码跑道16条。

上海基督教青年会体育干事埃克斯纳担任这次筹备会的会长，时任天津基督教青年会董事的张伯苓是运动会的发起人之一，他亲自担任运动会的总裁判长。张伯苓和唐绍仪、伍廷芳、王正廷等人都是海归派，他们都热衷于推动中国的体育事业发展，对举办现代运动会有极大的热情。

1910年10月18日，全国学校区分队第一次体育同盟会（简称全国学界运动会）正式开幕，运动会包含男子田径、足球、篮球和网球四大项竞赛项目，将男子篮球列为表演赛项目。来自华南、华北、武汉、吴宁（苏州、南京）、上海和香港等地区的运动员约140名，他们将在激烈的比赛中一决高下。

这次运动会上，最为亮眼的是上海足球队和香港足球队的比赛。上海足球队由圣约翰大学和南洋公学两校的足球队精英组成，上海足球队虽然战败，却给观众留下了深刻印象。

马约翰在全国高等学校组880码竞赛中以2分25秒8的成绩获得了冠军，在全国组获得了880码的亚军，还拿下了440码的第三名。

这次运动会原本只是南洋劝业会的一个附带集会，而在运动会举办期间，每天都有4万人次观看比赛，这场运动会成为中国历史上第一次全国规模的体育盛会，已经有了近代大型运动会的雏形，有人称之为"奥林匹克运动在中国结出的第一个硕果"，为中国以后的运动会奠定了大型运动会的举办基础。由此，在民国建立后，这次运动会被追认为第一届全国运动会。

体育比赛培养和激发了学生为母校争光，为地域争光，甚至为国争光的使命感，也促进全国各类体育运动的开展。马约翰曾说："这次全国运动会的影响是巨大而不胜枚举的。"

马约翰在《体育历程十四年》这篇文章中总结了这次运动会对中国体育发展的影响：

（1）学校精神。

多年来，学生们从不知道学校除了是一个教育机关外还有别的什么，他们对自己的学校如何发展也是抱绝对冷漠态度的。简而言之，他们不知道自己对母校的责任和对它们的利益所承担的义务。因为这种精神，这种对母校的爱，既不可能在教室中获得，也不可能从老师的说教中得到，但却能从与其他学校的比赛中得到和学到。比赛可以是文化方面的或体育方面的，它是树立一个人认识母校的骄傲和志向的标准，并由此产生对母校的爱。

……

（2）普及校誉。

这样的比赛和集会，比对一个学校大加宣扬作用要好得多。得胜对于一个学校来说具有巨大的重要性，学生家长同样也分享一些胜利的光荣，而且要为其孩子所在的学校感到骄傲。一个因拥有优秀运动员而享盛誉的学校在公众的眼里是受欢迎和受称赞的，它的名字会很快得到广泛的传播，结果所有的家长都把他们的子弟送到这样的学校来，从此，这个学校就变得很出名。

……

（3）兴奋剂。

起初，地区运动会只是为迎接全国运动会而开的预备会。全国大致分成五个地区，每个区域都要举行一次校际运动会以便选出一个代表队。……这种地区性运动会无疑会在大中院校里助长巨大的热情，而更主要的作用是在于能唤起一些较小城市对体育的兴趣。……运动会的主办城市要负责准备优良的田径场地以及客队的住处，还要欢迎客队到本市最好的娱乐场所，并以巨大的殷勤招待他们。这种优良的兄弟般的接待在别的国家里是从来没有看到过的。一个城市为了做好一切准备，几乎要求所有的人给予合作。结果，市内每个人都被唤起兴趣，并同另一个城市的人民建立起更紧密的友谊。这时，体育的极端重要性就开始被看到了，体育对他们是实际而有用的。

（4）唤起全民对体育的关心。

这样的运动会在一个体育尚处于幼年期的国家里，确实具有很大的意义。它又是在全国博览会这样适宜的时候举办，此时全国各地的人们都为了同一种兴趣集中到一起来，他们不仅能在博览会上看到自己同胞的各类巨大成就，而且还能在体育场上看到他们以前从未梦到过的东西。他们看到了体育训练的成果，而且认识到体育教育的巨大价值。当他们回到各自的城市时，他们就将开始谈论它们，一些热心人则开始热衷于筹办运动会。……

（5）统一标准。

这次全国运动会所做的另一件伟大的事情是统一了体育标准。大会以前，所有的比赛和运动会仅仅是为了适于娱乐的目的而在一些学校内部组织的，因此对于标准不怎么在意，而且往往改变原来的标准来为自己的目的服务，以至于每个学校都有自己特殊的标准和各不相同的形式。现在，全国运动会委员会成立了，公布了统一的标准，而且下达到全国每一个大中学校，因此，他们想参加全国运动会就必须采纳同一的标准。从那以后，所有大中学校就被统一在一个法定的标准之下了。

（6）动摇了对教会的偏见。

这是校际运动会和全国运动会的又一个结果。它具有十分重大的意义和价值。在这些运动会以前，虽然人们还不是十分不喜欢教会，……而在这些比赛和体育活动中发生了什么呢？信基督教的学生和教会学校的学生往往表现了很好的礼貌和运动家道德，对于比赛中的胜负往往抱雍和态度。在短时期里，他们就赢得了他校学生们的好感，一些学校很乐于同教会学校的学生们进行交往。这种友善也在体育场上表现出来了。总之，教会学校学生们的好的态度和礼貌赢得了人们的心。

马约翰在各种竞技赛事中越发深刻地领悟到体育精神对一个人、一个社会、一个民族的重要意义，在圣约翰大学的学习过程中，他也认识到体育对学习和工作的重要性。马约翰把体育和学习联系起来，认为体育能增强人体机能，有益身体健康，从而保证人们有好的学习和工作状态。体育运动和学习并不彼此独立，而是彼此促进，互益互利。

1911年，29岁的马约翰从圣约翰大学毕业，获得文学士学位。

此时的马约翰已和中国的体育事业结下了不解之缘，虽然他在毕业后去了一家外商经营的烟草公司做翻译，但他仍旧没有离开

马约翰从圣约翰大学毕业

马约翰在圣约翰大学的毕业证书

体育。他时常出现在一所基督教青年会的夜校里，兼职担任体育教师。在工作的这段时间里，马约翰接触到了一些商界人士，还和一些体育教练们共同举办重大体育表演和竞赛。

马约翰后来曾说过："体育在中国尚处于萌芽状态，是一项新兴的工作，常通过学校体育来实施，目前全部工作都要通过学生带动起来。"

他在上海时就听说了清华学校有着良好的体育传统，他相信在这样一个重视体育的环境中，可以一展体育"强种救国"的抱负。1914年的秋天，马约翰由上海北上，前往北平，走进了清华学校的大门。

百年巨匠
Century Masters
马约翰 Ma Yuehan

第三章

变『强迫运动』为『主动运动』

1914年9月22日，清华的校内刊物《清华周刊》专为这年入校的老师们发表了一篇名为《名师莅校》的介绍文章：

> 本校本学期新请教职员甚多，均已先后来莅校，诸先生学术深可为诸同学庆也。兹将姓名职务列左：
>
> ……
>
> 马约翰：圣约翰大学毕业生，充体育帮教，英文书记。

文中介绍了清华学校的14位新教职员，马约翰排在第12位，正式成为清华学校的一名教师。在清华任教时，马约翰最关心的还是学校的体育课程和学生的体育锻炼。追溯清华学校的建校历史，可知重视体育一直都是学校的教学传统。

1900年，八国联军侵华，清政府被迫与列强签订了丧权辱国的《辛丑条约》，中国同意了本息合计为4.5亿两白银的庚子赔款，这笔分为39年付清的巨额赔偿里包含了给美国的3294多万两白银。

1904年，美国向中国承认索取的赔款"原属过多"，同意退还部分赔款。但这笔"庚款"要用来帮助中国发展教育事业，要求中国政府每年派一百名学生到美国去接受教育。由此，一个为了帮助青年学生去美国而对学生进行预备训练的学校就建立起来了，游美肄业馆是留美学生日常学习的地方，馆址就选中了原是皇家园林的清华园。

1911年，游美肄业馆迁入清华园，正式改名为清华学堂，这年2

月拟订的《清华学堂章程》就把"体育手工类"列为学堂的十类学科之一了，当时就给人留下了"强迫运动"的深刻印象。

从创办开始，清华的学制、课程几乎都是搬用美国学校的，学校里有美国教师和中国教师，学校的外籍教师最初是委托基督教青年会在美国招聘的。除了一部分中国教师教授中文和中国历史课，其余的中国教师和美国教师都用英语教授数、理、化课程，十几个行政管理人员都是中国人。

学校的学制定为八年，分为高等、中等两科，各为四年制；高等科参照美国大学的模式来办理，对学生进行分科教学。学校的设备、课程、教学方法都模仿美国中小学校，中西文学科使用英文教科书，教师全程用英文教学。英国哲学家罗素后来参观了清华学校，他一针见血地说道："清华恰是一个美国移植到中国来的大学校。"

自1912年民国建立后，清华学堂改名为清华学校，改由北洋军阀政府的"外交部"单独管辖，这所由中国教育部创建的学校，却掌握在外务部和美国驻华公使馆手中。

中华民国的第一任教育总长蔡元培全面改革了清末颁布的教育旧令，推出了新的教育宗旨，颁布了新的学制，提出了"军国民教育、实利主义教育、公民道德教育、世界观教育和美感教育"五育并举的教育方针，他将体育称为"军国民教育"，视为一项救亡图存的重要工具。

《北京清华学校近章》里规定无论是文科还是实科，体操都是每周

初入清华学校时的马约翰

一小时的必修课，第七章第二十四条的每日体操里有明确规定："本校专聘体育教员一员，令各学生每晨体操十分时，每日午后运动一小时，习练各种体育技术。"同时，学校设立了体育部，这一年，到校的两位体育教师，一位是美国国际青年会学院（即春田学院）的体育工作者休梅克博士（Dr. Shoemaker），他兼任体育部主任，另一位是武术教师刘文华。

清华的"强迫运动"一直在更新升级，到了1914年，"强迫运动"逐渐演变为每周一到周五都强制定下运动时间，夏季的体育锻炼时间为下午4时半到5时半，冬季为4时到5时。在这个特殊时间里，校内的图书馆、宿舍、教室一律关门，学校用"行政手段"和"教师检查"双管齐下的方式"强迫"每个学生必须到操场锻炼。然而上有政策下有对策，在这段强迫运动的时间里，仍有学生躲在树荫、墙角等地方读书，到操场的学生也不一定都在认真、科学地锻炼。

马约翰就在1914年来到了清华，成为一名化学助教和体育助教兼英文书记。

马约翰给休梅克博士做了三年助教，跟他学习了一些西方学校的体育教育知识。他后来在1920年在美国发表的一篇论文中提到休梅克为清华"做了两大事：第一，他建立了各种良好的现代化的体育训练体系。这是目前中国别的地方所没有的。第二，他通过由他训练的一支强而常胜的体育代表队，为清华争得了名声"。

休梅克是清华学校体育工作基础

体育部主任休梅克

的创建人，为学校现代化的体育训练体系做出了一定贡献，但总体来说休梅克还是满足于在屋子里发号施令，除代表队员之外，很少接触普通学生，马约翰这个刚刚上任的体育助教却不一样，他发自内心地关心每一个学生的锻炼情况和身体健康。

每次一到学校的"强迫运动"时间，马约翰就拿着小本子到处寻找那些"消失的学生"，他记下学生的名字不是为了给他们记过，也不是要给他们处分，而是想说服他们要认真锻炼，有一个强壮的身体，到外国时不致被人嘲笑为"东亚病夫"，不能给国人丢脸。

休梅克为每个人建立健康档案

1914年11月，入职清华三个月的马约翰就被学校推选为北京体育协进会的代表，并被该会推举为评议员。协进会负责监督本地区的学校运动会，选拔参加各种级别运动会的代表队。体育协进会是在各种赛事的推动下发展起来的，最初的形式是校际体育联合会，规章只在联合会的成员中适用，协进会除了自己的联合会之外不能支配任何运动会。

后来，地方体育协进会逐渐发展起来，可以监督由本地区所有学校参加的运动会，比如华北运动会、华中运动会和华南运动会等。这类地方协进会设置了正式的机关，负责所有协进会的规章和活动。体育协进会的最高形式是远东奥林匹克联合会，该会有正式的官方资质，还可以授权一个委员会每年举办一次与奥林匹克运动会相关联的运动会，即全国运动会。

马约翰成为北京体育协进会的成员后，对体育教育的使命感更为强烈。他在《体育历程十四年》一文中提到了孔子的教义对国人根深蒂固的影响，他在文中评价道："他的教义总的特点是消极，他最得意的训诫是'己所不欲，勿施于人'，从这里衍生出来的原则就是：只有安分守己才能保证安全。所有的社会教育和家庭教育都是建立在这种原则之上的，对于儿童的成长，自然会产生突出和有力的影响。

"所以，一个中国人的性格中，一般总可以用下面几个字眼来表达：文雅、和平、保守、沉默和恐惧。由此可以想象得出，具有这种性格的人，如何去唤起他们进行体育锻炼呢？任何对体育的要求，都会被认为是粗鲁、有失文雅和野蛮。这样，体育锻炼会令人憎恶，因为它不符合文雅的原则，因此自然也就不受欢迎。作为一个学生，他的责任就是在学校里循规蹈矩，虽然也被迫接受一些体操或比赛，但是带有很强的冷淡性和勉强性。"

马约翰想做的就是把学校的"强迫运动"转变为"主动运动"，他开始以身作则，和学生们一起锻炼，对学生们的锻炼方法进行实时指导，把圣约翰大学科学的训练方法和体育风气带到了清华学校。他按学生的不同特点对他们进行编组，有计划地为学生做一些矫正训练，引导他们掌握赛跑、跳跃、器械、球类的基本技术。

一到"强迫运动"的时间，马约翰就会出现在操场上指导各种田径运动，还有打篮球、打棒球等运动。他提倡锻炼项目多样化，以此让学生的身体得到全面锻炼，增强他们的运动兴趣。

一段时间之后，有些学生接受了马约翰的劝告，不在"强迫时间"里躲起来看书，而是出来活动，也有一些学生在马约翰的带动和激励下主动运动起来。当时学生们最大的运动压力和运动动力是一项来自学校的严格的制度——体育不及格就不能毕业，无法毕业的学生自然不能出国留学。

当时清华的学习期限为8年，分为高等和中等两科，学习年限各4年。中等科的4年相当于现在的初中一年级到高中一年级，高等科相当于现在的高中二、三年级和大学一、二年级。高等科的最后两年不分专业，只设一些选修课，让学生自愿选修。学生在8年的学习课程全部结业后，才能公费赴美留学。留美的学生直接插班进入美国任何大学的三年级，攻读已经选定的专业课程。

清华设置了体育"五项测验"，学生在校学习的8年时间里，可以自由选择测验时间，最后一年测验也可以，提前测验也可以，但只要有一项不及格就不能毕业。

《清华周刊》"十周年纪念号"上刊登的《体育》一文中提到："在一九一九年前，体育实效试验没有实行时，校中设有一种'五项运动试验'。试验及格，才可毕业。"这"五项运动"的标准为：

(一)百码赛跑(约91.44米)14秒

(二)半英里跑(约804.67米)3分钟

(三)掷铁球20英尺(约6.10米)

(四)跳高45英寸(约1.14米)

(五)知足球或篮球的比赛规则，及普通知识，或射箭获10分以上。

这个标准也成为中国学校里最早实施的体育标准。

著名的文学教授吴宓在1911年考入了清华，他在校读书期间，功课全是优等，但跳远没有及格，便因为体育挂科被马约翰"扣留"了。

他在《吴宓自编年谱》里写道:"不幸本学期成绩中之《体育》一门,体育科(正主任潘文炳、副主任马约翰)竟给宓不及格,五种运动之考试宓亦不及格,校医兼'生理卫生学'教授,美国人Bolt医士检查身体,批定'宓虽无疾病,但体弱,且患有眼角膜炎,须医治,故宓本年似不宜出洋'。于是校长批示,布告:吴宓应留校一年,练习体育,医治目疾。"

半年后,吴宓进行了跳远补考,终于及格,由此才被准予出国留学。对于一些学习成绩优异但体育不及格的学生,马约翰从不放松标准,即使让他们延期毕业也要让他们达到"体力测验合格标准"。在这种严谨的校风下,清华的校门里走出了一大批学有所成且体魄强健的人才。

马约翰很早就说过,人体一般最早衰败的地方是关节,不爱活动的人,到了五十岁左右,就开始弓腰驼背,关节不灵了。他鼓动所有人:"动是健康的源泉,要坚持天天动。"马约翰在经验中归纳总结出一套科学的锻炼原则和卫生制度。他在《我的健康是怎样得来的》一文中提到了他的锻炼原则:

(1)锻炼要有适当的运动量,不怕累;

(2)锻炼要经常化,要持久;

(3)锻炼要全面,多样化,以培养自己的体能和高度的劳动效能;

(4)经常进行体力劳动,藉以测验自己的体力;

(5)不盲目锻炼,以免妨害健康。至于卫生制度,我除了保证有规律的工作、休息和营养以及不抽烟、不喝酒、不吃零食、经常保持清洁外，还规定发生伤害时不勉强进行锻炼。这样，我的锻炼效果更为显著，而日常生活也更有规律。

马约翰深知教育应该是一个主动有机的过程，他后来在《体育的迁移价值》一文中生动地说道："仅仅靠教堂的传教和背诵圣经培养不出具有基督教徒的性格的人。我知道晚饭是我的身体所绝对必需的，但是我必须把食物吃到肚子里；我知道爱是鼓舞人的，但是我必须认识一个女性；我知道勇敢是高贵的品质，但是我必须做出牺牲来体现我的勇敢。生活是实际的，而人们要为生活作适当的准备，其方法也必须是实际的。因此，教育纲领必须是积极的，而体育则正是完美地回答了这个要求。"

马约翰在清华教授化学和英语，过了一段时间后，他就遵从内心所爱，转为专职体育教师，全身心扑进了他的体育教育事业。马约翰帮助休梅克主任为每个学生建立"健康档案"，每年对全校学生进行年度体格检查，通过对照档案记录来检测学生们的健康水平，评估学生的课外锻炼是否有进步，还为身体条件特殊的学生制定特别的训练计划，针对性地改善他们的身体素质。

马约翰忙碌而充实的体育教育生活从早上的八点开始。

8：00到9：50，马约翰等人在办公室处理着相当繁重的工作，比如安排校际比赛、班级比赛，撰写每天的体操活动一览表，还要分出一半的时间和学生讨论问题。

9：50到10：10，安排并领导中等科学生做自由柔软体操。

10：10到11：00，在操场周围对场地和设备做一般性巡视和调查。

11：00到11：15，领导高等科的学生们在露天场地做柔软体操。

1914年，清华学校里的学生在做柔软体操

  他们实行了一种简单有效的点名办法，先在地面埋一块木板，木板上写着对应学生的学号，学生做柔软体操时，必须一个萝卜一个坑地站好。如此一来，打考勤的人在几分钟内就能全部记下缺席的学生。缺席达到若干次的学生，还要接受处罚。体操的安排会与季节的变化相一致，但一定会保证学生每天早晨有15分钟的体操锻炼。

  到了下午一点，马约翰又回到了办公室工作，主要进行体格检查和测验工作，学生们会按照发给他们的卡片向办公室提交报告。体育部和医务室协同工作，体育部如果发现学生有什么疾病，就立刻把人送到医务室。学生每年都有一次医学检查和两次体格检查和测验，一次是在开学时，一次安排在期末。体格检查有四种方式，分别是测量、体能测验、体格检查和体育处方。在学年结束前两个月，可以进行另一次测验，这样便于向学生家长出示学生的体质变化情况，还可以早早发现一些由于懒惰而忽视锻炼的学生。这种奇妙的"惩罚"也让学生们相信了体育的价值。在体格检查中，学生们的问题大多是牙齿不好、腺样增殖、脊柱倒凸、平足等，几乎没有发现心音不正常和心律不规则等症状。

三点钟过后，马约翰和同事们要把新的报告入档，对需要矫正处理的学生进行检查，随后为全部体育比赛项目的辅导工作做准备。

下午四点，所有的学生都被要求出来做体操，他们向学生交代好了这一个小时内的活动范围，不同的小组就到自己的场地上进行运动。

五点以后，除了校代表队之外，所有的班都解散了，校代表队自觉地活动到六点钟，到了六点，每个人都必须停止活动去洗澡，马约翰一天的工作也就结束了。

百年巨匠 马约翰 Ma Yuehan

第四章 体育教学升级了

1913年，清华校长唐国安不幸逝世，不到30岁的周诒春受政府委任，赴任清华，成为清华史上最年轻的校长。

周诒春毕业于上海圣约翰大学，后来去美国留学了三年，就读于耶鲁大学和威斯康星大学。回国后的他回到了母校圣约翰大学，教授英语专业。1911年，他来到上海复旦公学任教，不久后成为南京临时政府外交部秘书，还曾担任孙中山先生的英文秘书。

周诒春在清华任教期间公正廉明，谦虚谨慎，果敢干练，有很强的事业心。他在1914年就被推举为全国体育竞进会的副会长，在清华最早提出了德、智、体三育并重，是清华体育运动的积极倡导者。

马约翰后来结合周诒春校长所倡导"德智体"三育并举的思路，在《清华周刊》上发表了《改进时期中清华之体育》，阐述了体育对其他教育的促动作用：

> 体育所以被认为三育之一者，以其有辅助实行其他教育之可能。换言之，体育运动，可以增进吾人工作中之效率，及生活中较圆满之动作。其意义为：
>
> （甲）每种体育运动，至少可使吾人得到一种有目标之训练；如"警敏"，"精确"，"轻快"，"支配"，"合作"，"进取"等精神之实现。
>
> （乙）每种体育运动本身之兴趣，可引起吾人生活中各种

事业努力。

（丙）体育运动本身，可表现个人思想及情感，且为最自然无遮饰者。盖人之真性情，最易流露于手舞足蹈之时。

（丁）体育运动，可于适宜环境中，巩固个人德育训练，而使其耐久。如"取与公正"、"助人助己"等美德，每能于体育运动中养成之。

马约翰和周诒春都是圣约翰大学的学生，校友和同事两种关系让两人有了更多的共同话题。在当时的中国，体育课在学校教学中的预算一直都很少，在众多教育科目中总是居于次要地位。老师们不重视体育课的教学工作，学校也总是任意停止体育锻炼和体育比赛，久而久之，学生们也跟着轻视体育。另外，不同学校之间的体育教学和管理方法千差万别，没有规范和标准，学生们的体育水平也很难有持续的进步和提升。马约翰一直想改变学校体育教学的现状，改变学生们对体育的固有认知。

清华还有个流传已久的说法，学生"一年买蜡烛"，因为学校宿舍在晚上11点就熄灯了，学生们需要点上蜡烛才能继续学习；"二年配眼镜"，因为学生长期在晦暗的烛光下学习，患近视眼的概率就更大，近视的学生人数也在逐渐增多；"三年买痰盂"，学生因为劳累、营养不良和卫生条件不好，患病的概率就增加。这个说法虽然略微夸张，但也多少反映出了清华学生的身体状况。

有一次，马约翰和周诒春谈到进一步发展学校体育的问题，马约翰担忧地说："我们清华学校每年要派100多名学生去美国去留学，我们派出去的学生总得像点样子吧，我们总不能派出去100多个'东亚病夫'吧？"

周校长正在计划建设清华早期四大建筑，马约翰的建议给了他一个重要的参考，他对学校的体育教学有了更深的思虑，除了盖图书馆、大礼堂这些地方让学生念书之外，也要让学生搞好体育，比如盖个体育馆。

当时的清华校园里有3个大足球场地和1个漂亮的440码跑道，有一个设有4个靶位的射箭场，还有10个室外篮球场，21个网球场，网球场在冬季会改为冰球场。但是还没有一个体育馆，学校就不具备开设体育课的条件。为了让清华的体育教学有一个质的提升，学校打算建一个体育馆。

由此，清华"四大建筑"之一的体育馆就开始动工了，只可惜，周校长没有看到体育馆建成就离校了。1918年1月4日，周诒春校长以"力微任重、劳顿成疾"为由提出了辞职，结束了他在清华四年零五个月的校长工作。他离职清华那天，"有全体员工拍照纪念，各生均着制服，擎枪致敬"。

清华学校体育馆

1919年4月，清华学校的体育馆终于建成，这座耗资24.5万元的建筑，当时与大图书馆（造价17.5万元）、大礼堂（造价15.5万元）一起被师生们称为"清华三宝"。

体育馆最初取名为"罗斯福纪念馆"，馆外的柱廊内还曾嵌有美国总统罗斯福的头像和纪念碑文。体育馆由美国建筑师墨菲和号称"中国第一建筑师"的庄俊联合设计完成，由泰来洋行负责施工，馆前有陶立克式花岗岩柱廊，这座西方古典外观的体育馆是清华体育运动发展的摇篮，更是国内第一所设备完善的现代化体育馆。

这座体育馆位于大操场西侧，大厅外有一个大阳台，开大会时可作为主席台，大厅内为室内篮球场。四周的墙上装置了固定器械，篮球场的一端设有活动器材的存放室，另一端是体育部的值班室和救急室。篮球场的楼上，围绕着80码的悬空跑道，大厅的屋顶用玻璃砖铺成，阳光透过玻璃砖射入室内，让馆里格外明亮。

体育馆左右两翼都是二层楼，楼上是体育部办公室、武术室和重

体育馆里的悬空跑道

竞技室。右翼楼下设有高等科学生更衣室、器材工人室、厕所和淋浴室。左翼楼下为中等科学生更衣室、器材工人室、厕所和淋浴室。每一个学生都有专用衣柜，学生在每学年开学缴纳体育费之后都可以领到一条大浴巾，放到自己的衣柜里。

体育馆后方为室内游泳池，游泳池长20码，宽10码，池深3.5英尺到10英尺，深端有跳水的跳板和高跳台。室内游泳池设有三个门，中门与体育馆前部大厅相通，左右两个侧门和两间淋浴室相通。

清华学校的体育馆是当时最先进的健身场所，除了各种场地和运动器械，还有暖气、热气干燥设备，室内附设的游泳池实行了池水水源消毒，十分清洁卫生。体育馆的这些设施在当时的中国高校中是绝无仅有的，甚至在美国大学也是少见的。

体育馆的建成标志着清华的体育走向了第一个鼎盛时期，学校由此具备了开设体育正课的条件，很快就把体育课列为八个年级的必修课。根据新的规定，每周两个小时的体育课为学生的必修课程，期末进行测验，测验不及格的项目，下学期必须补修。学生必须修满8分，"非体育及格者，不得参与毕业考试"。

当时，体育课在国内其他大学几乎都不是必修课，将其列为全程教育的学校更是凤毛麟角。有着优良体育传统的南开大学在抗战以前，也只是在"学则"中规定学生在毕业前"须习毕三年规定之体育课程"。

清华学校体育课的内容包含了游泳、武术、徒手体操、轻器械操、重器械操，垫上运动、田径运动，还有篮、足、排、棒、垒、墙等球类运动，拳击和摔跤只作为介绍项目。体育课一般先在体育馆内集合点名，未经请假批准而缺席的学生，课后由老师报教务处登记。马约翰总是上课不点名，下课点名，学生们都不敢旷课。

1917年，清华学校足球代表队

    学校曾规定学生在室内游泳时，必须3个人一组。有一次，游泳室来了两个学生非要去游泳，他们不听工友劝阻，和工作人员吵了起来。马约翰得知后就让两个学生来他办公室，然后耐心地告诉他们："作为学生应当守纪律，遵守规定。而且规定三个人其目的是万一一人溺水，一人抢救，一人喊人。"

    学生这才明白学校规定背后的良苦用心，他们感到愧疚，最后向工友们道了歉。马约翰对体育运动的安全问题是非常严格和负责的，同时，他认为本校学生不能对体育馆进行最充分的利用是十分可惜的。于是，他专门为入学的新生写下了《如何利用体育馆》一文，为那些初次进入体育馆而感到目不暇接的新同学，做了一个概括的说明。马约翰在文章结尾处，关切地提醒每个新生应该记住的训练规则和惯例：

    1.开始时要运动适度，不可过分耗费体力。

    2.运动一定要出汗。

1921年，清华学校棒球队

3. 运动之后一定要洗澡。

4. 爱护你使用的器材。

5. 厅内设有痰盂，随地吐痰是不文明和不卫生的习惯。

6. 在下游泳池之前一定要冲淋浴。

7. 用完的器材要认真地放回原处，尤其是用毕扩胸器后要小心轻放。

8. 馆内一切设备一律不得拿出室外。

9. 淋浴用毕，勿忘关好。

10. 不要在更衣间内乱扔脏衣服。

马约翰甚至细致地提示新生们个人所用的运动服装和对应的价格：

1. 两件白棉布衬衫……0.90元

2. 两条白短裤……2.00元

3. 一双胶底鞋……1.60元

4. 一条大毛巾……0.50元

（合计）5.00元

清华的体育课有两大特点,第一是每堂课都要跑一英里(1609米),以此作为长跑的普及训练;第二是规定上室内课的学生都要统一着装,学生一律穿白背心白短裤,整齐好看,彰显英气。由此,体育教学正式进入清华学校的课堂,而在学校持续了将近10年之久的"强迫运动"就此停止了。

强迫运动曾经是众多学生心中的烦恼,然而这项运动退出历史舞台之后,又成为学生心中难忘的一段记忆。1923级学生梁实秋先生曾回忆道:"可惜到了高等科就不再强迫了。经常运动有助于健康,不,是健康之绝对的必需的条件。而且身体健康,也有助于心理的健康……"

中国考古学的先驱李济先生是1918级的学生,他说:"现在回忆那个时候,我觉得在我们那个时间,年龄刚过十二三岁,所受的最大益处就是在体育那个方面……我虽说没有变成一个运动家,但是因为学校的强迫运动,以及早晨十分钟的体操对身体是一个很好的教育。"

1919年后,清华开始实行一整套身体测量、体格检查、体力测验和体能测验,统称为"体育实效试验法",这套试验法每年进行一次,所有的试验结果均有详细的记录档案,同时,学校重新规定了五项运动及其测验标准:

①齐胸单杠腾跃(支撑跳跃,高度齐胸);
②爬绳离地15英尺;
③鱼跃前滚翻;
④跳远——14英尺;
⑤100码跑——14秒。

其后又加了一项游泳 20 码，这五项运动实际上就变成了六项运动，也比原来的五项运动难度更大，对学生的要求更为全面。有趣的是，学生出国的"拦路虎"由田径变成了游泳。梁实秋先生在其《清华八年》一文中十分精彩地写下了他当时游泳闯关的经过：

作家梁实秋

"清华毕业时照例要考体育，包括田径、爬绳、游泳等项。我平常不加练习，临考大为紧张，马约翰先生对于我的体育成绩只是摇头叹息。我记得我跑四百码的成绩是九十六秒，人几乎晕过去。一百码是十九秒。其他如铁球、铁饼、标枪、跳高、跳远都还可以勉强及格，游泳一关最难过。清华有那样好的游泳池，按说有好几年的准备应该没有问题，可惜是这好几年的准备都是在陆地上，并未下过水里，临考只得舍命一试。我约了两位同学各持竹竿站在两边，以备万一。我脚踏池边猛然向池心一扑，这一下子就浮出一丈开外，冲力停止之后，情形就不对了，原来水里也有地心吸力，全身直线下沉。喝了一口大水之后，人又浮到水面，尚未来得及喊救命，已经再度下沉。这时节两根竹竿把我挑了起来，成绩是不及格，一个月后补考。这一个月我可天天练习了，好在不止我一人，尚有几位陪伴我。补考的时候也许是太紧张，老毛病又发了，身体又往下沉，据同学告诉我，我当时在水里扑腾得好厉害，水珠四溅，翻江捣海一般，否则也不会往下沉。这一沉，沉到了池底。我摸到大理石的池底，滑腻腻的。我心里明白，这一回只许成功不许失败，便在池底连爬带泳地前进，喝了几口水之后，头已露出水面，知道快游完全程了，于是从从容容来了几下子蛙式泳，安安全全地跃登彼岸。马约翰先生笑得弯了腰，挥手叫我走，说：'好啦，算你及格了。'"

游泳考试让不少学生头疼，但后来也成为不少学生庆幸学会的一项技能。南京长江大桥设计总工程师、我国著名桥梁建设专家胡竟铭先生是1924级的学生，他在遗稿《难忘的清华》里写道："1924年我到美国康奈尔大学学习。1925年暑期我们全班到纽约州辛立卡湖附近进行大地测量工作。一个星期日我和同学们到湖中游泳休息。辛立卡湖是个深水湖，水深三百英尺……是不准深水潜游的。我不知道这条规定，划船到湖中，便垂直身体向湖水深潜。当我照例要浮出水面时，呀，不好了，身体竟不上浮！立时我想起清华马约翰先生曾教过我，在深水处愈发亮水愈深，于是我心不慌，意不乱，照法施行，果然，我的身体徐徐上升，直到船边，经人救起。这件事故曾轰动了全测量营。我想，假如清华当年不要求学生毕业须通过游泳课，则哪有今日的我。"

1928届毕业生赵诏熊当年在清华是中等科，他在《回忆中等科》一文中记下了许多体育运动的感人细节："我们进校第一天，他（马约翰）亲自为我们做体格检查。我们还记得他用简短扼要的英语向我们作指示。我们天天上体育馆，几乎天天可以看见马老师，他和我们的关系真正可以说是亲密无间。有时我们忘记带存衣小柜的钥匙，就要麻烦他用万能钥匙开锁。如果体育场上有同学负伤，他就要跑东跑西，指挥一切。马老师对我们要求非常严格。有一次上体育课，因为天冷，我们在游泳池边缩作一团，不肯下水。马老师看到这种情况很生气，从外面拿来一根长竹竿，把我们像赶鸭子般赶下水。这使我们认识并永远记住：凡事必须认真对待，不能半点马虎。"

1920年，马约翰在清华大学游泳馆

在马约翰等体育部同事的共同努力下，学校的体育训练成效显著，1912年时的学生平均体力分数为324分，1917年的学生平均体力为409分，到了1922年时，清华学生的平均体力就提高到536分。

学校关于总体力的计算公式为：总体力=肺活量/20+左右手握力+背腿力+（体重×总推拉数）/10。

马约翰后来创造性地把传统项目武术中的"梅花桩"引入清华的体育教学中，通过"梅花桩"来训练学生身体的灵活性，锻炼学生的胆量。马约翰还和李剑秋合著了《中国拳术入门》一书，希望把中国拳术介绍给西方。

马约翰在体育锻炼的问题上帮助指导过体育部的工友老刘，后来老刘对体育场地很有研究，他还代表清华到北京各个高校去帮忙画场地。还有一位工人喜欢长跑，马约翰就抽出时间专门教他一个人，那位工人十分感激，赞叹道："堂堂一级教授，却没有一点架子，令人感动。"

马约翰利用业余时间，组建起一支清华工人篮球队，并亲自指导他们训练，训练出来的整队实力也非常不错。在学校里，无论是学生、同事还是工友，都十分敬爱这位关心大家健康、热爱体育事业的马老师。

马约翰有一套与众不同的装束，一条短裤加一件衬衫是他的标志性穿搭。夏天开运动会时，他在操场上站着，晒几个钟头的太阳也不会中暑。冬天，他从不穿棉衣。人们在初冬穿上毛衣的时候，他只是把卷起的衬衫袖子放下来，把短裤换成了长裤。到了严冬腊月，他就在白布衬衫外加一件毛线背心，如果要外出，就再加上一件外套。

有些青年想学他的穿衣风格，试着冬天也不穿棉衣，结果一个个冻得够呛，冻得心服口服，最后，他们只好乖乖地把棉衣穿上了。

马约翰说过："锻炼是个长期的过程，不是随便的凭一时的高兴就可以收效的，因此我们锻炼身体必须要经常化。"

马约翰不论是在上下班途中，还是在操场、体育馆、办公室里，总是昂首、阔步、挺胸的姿态，他目光炯炯，却和蔼可亲、平易近人，他的健朗形象成了清华校园里一道独特的风景，而他眼里最好看的风景便是学生们自由、快乐、活力满满地享受运动！

百年巨匠
Century Masters
马约翰 Ma Yuehan

第五章 远东奥林匹克运动会

1919年5月5日到11日，远东奥林匹克运动会在菲律宾岛的马尼拉举行。马约翰是这次奥林匹克代表队选拔委员会的成员之一。在大会开始的六个月前，马约翰所在的选拔委员会就开始提前布局了。

　　选拔委员会向各个大专院校发出通知，讲解科学的体育训练方法和科学饮食。在距离运动会还有三个月的时间时，他们继续在报纸上发布通知，公示出一批较低标准的合格成绩表。如果运动员能够通过其中任何两项，就有很大机会被奥林匹克代表队录取。这份较低的预选标准，是为了给更多有潜力的运动员提供参赛的可能。

　　马约翰等人搜集了全部地方运动会的日期，派代表去各地了解全部的运动员过往成绩，选拔委员会经过全面而客观的成绩考核，组成了一个最好成绩保持者的代表队，出征第四届远东奥林匹克运动会。

　　回顾1913年的第一次远东奥林匹克运动会，中国和菲律宾、日本是参加国。菲律宾有80名运动员参赛，日本选派了20名运动员，中国派了一个40人阵容的代表队。

　　中国代表队出发之前，各大报社纷纷刊登了全体代表和教练们的合影，罐头食品公司给他们送来了各种水果罐头和饼干。到了出发这一天，三四千名市民和一支市乐队共同前来送行，还有一大群女学生也赶来送行，她们为即将出征的代表团唱起了国歌。

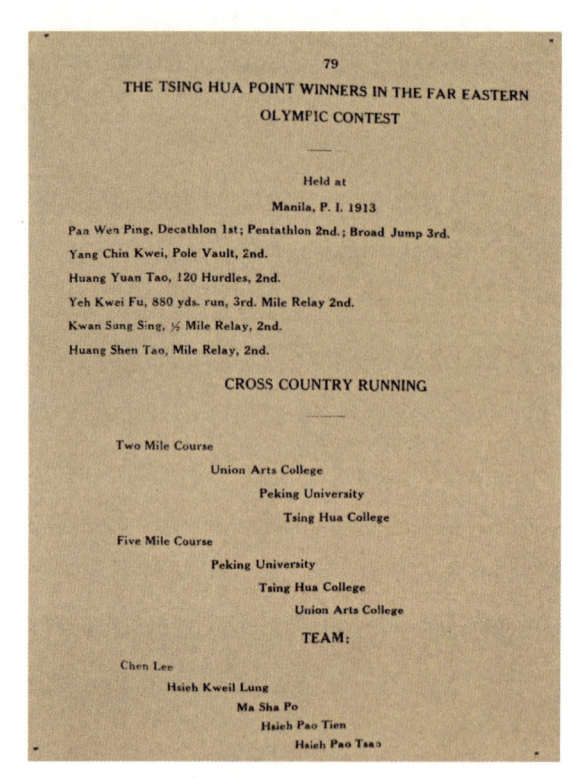

```
                        79
    THE TSING HUA POINT WINNERS IN THE FAR EASTERN
                   OLYMPIC CONTEST

                        Held at
                    Manila, P. I. 1913
    Pan Wen Ping, Decathlon 1st; Pentathlon 2nd.; Broad Jump 3rd.
    Yang Chin Kwei, Pole Vault, 2nd.
    Huang Yuan Tao, 120 Hurdles, 2nd.
    Yeh Kwei Fu, 880 yds. run, 3rd. Mile Relay 2nd.
    Kwan Sung Sing, ½ Mile Relay, 2nd.
    Huang Shen Tao, Mile Relay, 2nd.

                 CROSS COUNTRY RUNNING

        Two Mile Course
                Union Arts College
                    Peking University
                        Tsing Hua College
        Five Mile Course
                    Peking University
                        Tsing Hua College
                            Union Arts College
                        TEAM:
        Chen Lee
            Hsieh Kweil Lung
                Ma Sha Po
                    Hsieh Pao Tien
                        Hsieh Pao Tsao
```

1913年，第一届远东运动会成绩单

  远东奥林匹克运动会的所有比赛项目至少要有两个比赛国参加。赛程表上列有田赛和径赛的各种运动项目，包含了五项运动、十项运动和改革后的马拉松赛跑，还有垒球、英式足球、篮球、排球、自行车、游泳和网球比赛。

  运动会进行了十天，旅居菲律宾的马尼拉华侨为了慰问中国代表队，在物质上和精神上提供了许多的帮助，展现出了他们对祖国荣誉的关切和极高的热情。

  最后，清华的六位选手都收获了可喜的成绩，个人总分第一的潘文炳获得了十项全能第一、五项全能第二和跳远第三。关颂声在半英里接力中获得第二名，黄纯道和叶桂馥的一英里接力、杨锦魁的撑竿跳高、黄元道的高栏也都获得了第二名，叶桂馥还拿下了880码的第三名。

运动会结束后，中国代表队载誉而归，鼓舞了无数国内的运动人士，学生群体更是为之沸腾，代表队的表现和所获的荣誉引发了中国的一阵"体育热"。

国内组成了不同的协进会，以相互促进体育事业的发展，从1913年到1915年，这类协进会增加了60%。仅上海市一个地方就成立了大约30个体育俱乐部，各个学校也被动员为所有学生建立体育训练制度。1914年，全国出现了一个需要体育教练和体育指导的高潮，为1915年的大会做准备。

1919年远东奥林匹克运动会的来临再次掀起了全国的体育热潮，中国这次派出了150多名运动员，不仅是为了取胜，更是为了鼓舞广大运动爱好者坚持好的锻炼习惯，拥有强健的体魄，吸引更多青年投身体育事业。

马约翰和中国代表队在众人的欢送下出发了，他们到达马尼拉时，受到了华侨团体的热烈欢迎，随后下榻到了菲律宾基督教青年会。全体队员摩拳擦掌，斗志昂扬，以最好的状态等待着第二天上午九点进入比赛现场。

马约翰曾在万国运动会上的一英里比赛中，力压日本运动员夺得冠军。他在这项运动里的荣耀深深影响了一位中国学生。如今这位学生也是中国代表队的一员，他告诉马约翰，他将在比赛项目上竭尽全力，为国争光。

1919年5月5日，赛事大幕拉开，运动员在赛场上全力拼搏，挥洒激情，观众席上的欢呼声感染着场上的每一个竞技者。中国队最终拿下了"十项全能"和"五项全能"的冠军。那位被马约翰所影响的学生也取得了很好的战绩，他表示自己的胜利完全建立在一英里赛跑上，此刻的他斩获了属于自己的荣誉，以后的他也想像马约翰一样影响到一部分人。

中国代表队回国以后，他们为身边人带来的影响比任何教练和指导都要多得多，这是体育运动员的影响力，更是体育精神的魅力。

百年巨匠

马约翰 Ma Yuehan

第六章 春田学院进修之旅

1919年，马约翰在清华学校工作已满5年，根据清华的教师休假进修制度，他获得了1年的休假时间，可以公费前往美国马萨诸塞州春田市的国际青年会学院进修学习，这所学校在1953年时更名为春田学院。

美国体育思想虽然在19世纪初起源于欧洲，但随着体育的发展，美国独自创立了新的体育体系。近代体育的先驱沃伦博士（Dr. J.C.Warren）、凯瑟琳·比彻（Catherine Beecher）等人唤醒了人们对体育重要性的认识。哈佛医学院的沃伦博士强调运动对个体发展的必要性，并帮助哈佛大学和波士顿建立了体育馆，为学生们从事体育运动创造了良好条件。康涅狄格州哈特福德女子学院的凯瑟琳·比彻首次提出将体育引入教育。南北战争后，美国的体育进入了蓬勃发展的时期，自19世纪80年代开始，以体操为主的各种体育活动逐渐由大学向社会扩散传播，体育也逐渐成为学校里的必修科目。1885年，大卫·瑞德牧师（Rev. David Reed）创办斯普林菲尔德学院（即春田学院），学院开始了体育教育，到了1898年，美国31个州都把体育设为了学校的必修科目。马约翰赴春田学院学习时，正值美国体育教育全面普及和完善的时期，美国对体育教育的重视引发了马约翰对中国学校体育教育的思考。

国际青年会学院（后统称"春田学院"）负责培训美国基督教青年会的行政管理人员和体育工作者。学院早期主要专注于青年会干事的培训，后来，古立克（Luther Halsey Gulick）在这所学校创办了体育专业，开始对学生进行专业教学。学校在当时发明了两个重要的运动项目，篮球和排球。学校的教师奈斯密斯（James Naismith）在1891年发明了篮球运动，学校的校友威廉姆·摩根（William·G·Morgan）在1895年发明了排球。春田学院开始在国内外的体育教育和运动领域中声名鹊起。

1920年，来自9个国家的20名外国学生入学春田学院，美国人对中国还存在着普遍的错误认识。肯曼（Kingman）曾说："中国人属蒙古人种，身材较矮，手足短小……中国人足部灵活，无所不能，但是在要求力量、上臂及手的灵巧性那些运动项目上，成绩糟糕……所以人们很容易得到这样的认识：体育教育对中国而言是一件新事物，中国人肯定不仅在身体方面恢复活力，而且会完全改变其固有的体育旧观念和传统。"

马约翰在春田学院攻读体育教育专业的学士学位时，汉福德·波尔（Hanford Burr）、詹姆斯·麦克科蒂（James McCurdy）和罗菲·切尼（Ralph Cheney）担任他的论文指导老师。这三位教授为马约翰树立了很好的学习榜样，深深影响了他在体育专业上的思想和认知。

波尔擅长基督教史、社会心理学和哲学，写过《青春期少男的研究》《四处是火》和《内心暗示》等著作。麦克科蒂是学院1880级的毕业生，在1883年取得了医学博士学位，1895年回到本校任教。麦克科蒂有强大的医学知识储备，他在教学过程中把医学知识引入了运动生理学，是一位从事体育训练和学校卫生的开拓者。切尼以前是一位商人，他阅历丰富，长期在青年会工作，在社会学、基督教青年会管理等方面都有很深的造诣。

马约翰到春田学院进修时，第一次世界大战刚刚结束，国际青年

马约翰（二排左一）在春田学院与同学的合影

会学院正处在战后的重建阶段。1920年，校长劳伦斯·道·盖特博士举办了一场"募捐活动"，希望筹集200万美元的捐助基金。人们对多才多艺、精力充沛的校长十分敬重，对国际青年会学院所代表的先驱事业心存感激，美国全社会纷纷为学院送来了经费赞助和其他帮助。

马约翰很快发现了一件趣事，他在春田学院待了较长时间后，对中国和美国的气候做了一番比较。中国和美国正好处在地球上的两个相对的位置上。美国约在西经70—125度和北纬25—50度的位置，中国约在东经75—135度和北纬20—50度的位置。两个国家处在相同的纬度上，气候也就十分相近，而北京的纬度正好和春田学院相同。春田4月份的阵雨也像极了北京的"柳絮纷飞"，马约翰领略到了春田这个地方的严寒，如同中国北方给他的印象一样深刻。

1920年，马约翰写下了名为《体育历程十四年》的毕业论文，这篇用英文撰写的论文，或许是他最早的系统谈论体育的文章。

马约翰在论文里首先对西方体育在中国的地位进行了阐述，随后对自己的工作作了大致的回顾。他还根据中国人在训练方面所具备的素质和特性作了专业指导，他想对那些向中国伸出友谊之手的外国朋友们提供一些实际的参考和建议。论文中流露出马约翰想要发展国家体育的赤诚之心，也表达了他想争取外力援助的态度。

他在论文第一部分的开头简要讲述了西方体育进入中国的初始背景："在天主教和基督教输入中国以前，中国实际上并不存在什么学校。中国青少年根本不知道西方式的体育游戏或体操。国家教育儿童的最大原则是把孩子们教育成文人雅士（方方正正的人）。有规律和有系统的体操的长期缺乏，使中国人的体格大大地退化了。教会学校进入中国以后，教士们发现儿童们的健康和体格都离最低标准还相差很远。他们还发现，孩子们所担负的劳动绝对地繁重。于是就想起引进一些体育比赛和游戏，以用于休息和娱乐。这种学校为数很少，而且只是在少数著名的沿海城市，如上海、香港、厦门、天津、汉口、威海卫，以及少数大城市，如北京、苏州、杭州、福州、宁波、广州等地才能见到。

"一切都处于'幼稚期'，还没有班际比赛、校际比赛之类的带有刺激性的比赛。一切都局限在校园以内，而且纯属为了达到娱乐的目的。一只足球是为了胡乱踢着玩的，因为正规的比赛很难于被学生们接受。任何人，如果他能把足球踢上40—50英尺的高度，便会被人们看做很了不起；任何人，如果能把足球放个'大丫儿'，就会博得一阵快乐的呼喊。当球飞到一个人的面前，他就躲开它，而不知道把球再踢给对方。网球，由于它的文雅性，比任何体育项目都受欢迎。至于棒球、篮球、板球、草地曲棍球的引进，都比足球和网球要晚得多。"

随后,马约翰在论文中提到学生们最初对西方体育的一般态度:"中国处于一种恐惧和被动的道德教育的钳制和影响之下,致使她的发展停滞而缓慢。结果,人民则过于保守、和平、博爱、文雅、排外和守旧。他们不去试图从事任何带有危险和冒风险的事,而是'安全行事'。"

马约翰还提到公众对体育的一般态度:"人们一般的看法,可以用如下的格言(它多少世纪以来一直支配着人们的头脑)来概括:'好男不当兵,好铁不打钉。'(兵就是体格健壮的人。)农民、工人、商人被看做是人民当中的低下阶级,而只有这些低下的阶级才需要体格健壮。"

他在讲述学校的管理方法时总结道:"学校并没有什么正规的体育训练制度或机构。教师们受学校委托去从事领导和训练,爱护并诱发学生们去玩,用物质鼓励和特殊优惠去唤起他们的兴趣。"

马约翰在论文里回顾了他曾经参与的那些校际运动会和全国运动会,分析了这些体育赛事的效果和影响,谈到了体育协进会在中国的发展:"第一个在中国建立的体育协进会形式是'校际体育联合会',而这类组织首先是在华中由圣约翰书院、南洋公学和苏州书院组成的。这些协进会的比赛宗旨单纯是共同取得发展⋯⋯后来,另一种形式发展起来,这就是地方体育协进会。这些协进会可以监督每年一次由本地区内所有学校参加的运动会,如华北运动会、华中运动会以及华南运动会等等⋯⋯协进会的最高形式,即远东奥林匹克联合会。它具有正式的官方资格。

"第一次(远东)奥运会被证明是一次巨大的成功。同时,它带来再次开会并取得更大成功的希望,每个国家的代表队都带着巨大的热情回到自己的国家并为参加下次比赛做准备⋯⋯再没有比看到公众对第一次远东奥林匹克运动会所表现的热情更令人愉快的事了。在学生中间所表现的激情用不着我多说了，但我不能不讲述一下商界所表现的巨大热情，他们不仅给予了金钱上的支援，而且还给予了精神上巨大的鼓励。"

马约翰详细回顾了在清华的五年工作经历，总结了管理上遇到的困难，分享了与中国学生相处时发现的几点实际问题。最后，马约翰在论文的结尾处提到了中国为体育事业的发展提供了广阔天地：

"中国幅员之广和人口之众是不必赘言的，她有三百九十一万三千五百六十平方英里的土地和四万万人口。

"她的土地实在是广阔的，人口也占人类的四分之一。可是谁都知道，这个巨大的种族身体矮小而羸弱，许多世纪以来他们都是实行和平原则，他们憎恶打架和斗争，憎恶战争而热爱和平。

"在这个巨大的国家里的人民，许多世纪以来都生活在不健康和不卫生的环境里，而体育教育刚刚开始，谁能否认在这里进行体育工作的巨大可能性呢？让我们对他们已经做过的体育工作作个简要的考察。如果我们将来排除体育运动，就可能排除了中国的一切体育教育。现在体育教育中的运动部分我们还刚刚有一小部分，而它的最生气勃勃的部分还没有被教会，例如在医学检查、身体测验、学校卫生以及适当的体育训练等方面已经为男女学生们做了些什么呢？没有，什么也没有做。这不是可能不可能的问题，而是必要不必要的问题，中国需要体育方面的每一件事。"

1921年，春田学院举行了毕业典礼，共有37名毕业生，马约翰是其中之一。

正巧的是，著名教授博兰·泰恩在这一天正式退休并获得荣誉学位，因此，当时参加毕业典礼的人数多达5000人，十分隆重。

1920年，马约翰在春田学院进修获得的结业证书

　　马约翰回到清华学校后就正式升任教授，此时，清华学校体育部主任的位置也空了出来。马约翰刚来清华的第三年，体育部就发生了一件小插曲，体育指导休梅克博士被学生告了。当时学生打球时，学校会供给一些球，学生也可以自行向学校买球。一些学生就直接向休梅克买球，但休梅克没有把钱如实交给学校，而是放进了自己腰包。他平时还兼职做地毯生意，他夫人每年回美国一次，每次回国都要从中国带一些地毯回去倒卖。休梅克贪污学生买球费的事很快被学生发现了，学生们把他告到了学校，休梅克也因此收到了学校的开除通知，很快离开了清华。

　　休梅克走后，清华迎来了第二任体育部主任，新主任也是个美国人，名叫布雷斯（Dr. K. Brace）。布雷斯擅长游泳和器械，技术和学问都胜过休梅克，但他的志向也不在清华，工作并不积极，布雷斯干了大约两年，就在 1920 年离校回国了。马约翰从春田学院回到清华后就接下了学校体育部的重任，成为体育部的第三任主任，也是第一个担任这个职务的中国人。

马约翰很快把美国体育的成功教学方法搬到了清华，他按照美国的体育制度编成各级不同的教材，并训练校队，培养运动员。

他在讲话中提到："我知道同学们以为我只留心运动员，论到全体同学就不介意。这种认识完全错了。其实，我是一面要使运动员能够代表清华扬名；一面要使全体同学个个身体强健。因此，开学后我就向教员会议力争，每星期要增加上两小时的户外运动。"

马约翰在重点培养专业运动员时，也将体育的普及问题视为教育重点。他一方面重视人的普及，希望学生们在体育运动上做到个个出动，人人积极；另一方面重视体育技术的普及，例如赛跑、跳高、跳远、游泳还有某些球类等基本功的普及，希望人人成为多面手，在各类运动中全面发展。

百年巨匠
马约翰 Ma Yuehan

第七章 在清华的第二个五年

马约翰在《清华周刊》408 期发表了《改进时期中清华之体育》，文章把清华的体育划分成了三个阶段："就趋势言，清华体育，已经过三种时期；第一时期为提倡时期（民国二年至六年），第二时期为发展时期（民国七年至十一年），第三时期为改进时期（民国十二年至现在及将来）。"

第二时期，即 1918—1922 年，也是清华田径运动快速发展的时期，在这期间，学校诞生了不少体育明星。

建筑大师梁思成先生（1923 级）在 1915 年考入清华，他学习成绩优异，是个多才多艺之人。他兴趣广泛，热爱美术，还是清华军乐队的队长兼第一小号手，擅长短笛，还学习钢琴和小提琴，他和著名音乐家黄自（1924 级）等人组织合唱团，还担任了中音和低音两个声部的演出。此外，梁思成也是一名运动爱好者，他曾说："别看我现在又驼又瘸，可是当年还是马约翰先生的好学生，有名的足球健将……单双杠和爬绳的技巧也是呱呱叫的。好了，好了，好汉不提当年勇。不过说真的，我非常感谢马约翰。想当年如果没有一个好身体，怎么搞野外调查。学校中单双杠和爬绳的训练使我后

建筑学家梁思成

梁思成测绘古建筑

来在测绘古建筑时，爬梁上柱攀登自如。我很感谢母校对我的培养。"

著名科学家、教育家和社会活动家周培源在1919年暑假考入清华，进入中等科三年级学习，他当年是学校有名的中长跑运动员，参加过华北运动会。他后来游学欧洲，跟随莱比锡大学海森堡教授研究量子力学，海森堡教授这位量子力学的主要创始人比周培源年长一岁，两人都喜欢运动，闲暇时常常相约一起打乒乓球。

汤佩松先生是国际著名的植物生理学家，我国植物生理学奠基人之一,他是清华1925级的学生,在学校里几乎是一个样样全能的人才,他在体育上无论是田径,还是球类运动都很出色,甚至武术也很出众。著名的社会学家费孝通读了汤先生的《为接朝霞顾夕阳》一书后写了一篇《清华人的一代风骚》,文中提到:"他在清华学堂里就是个活宝,他在球迷中名声太响,以致当时他的化学老师甚至怀疑他超人一等的实验报告是抄高班同学的旧作业,理由是:'一个在球场上出色的运动员,不可能是一个功课好的学生。'真冤枉了他。"

马约翰常在课堂上或是体育比赛中用英语讲到Sportsmanship(运动员风范、体育精神)和Teamwork(团队协作的精神)。费孝通评价说:"这两条其实是人类社会赖以健全和发展的基本精神。体育运动的目的就是在通过实践来培养和锻炼这种基本精神。"

汤佩松曾自述:"我特别怀念马约翰老师,我是少数几名获得全能奖的体育运动员,我在那时及以后的学习和工作中能克服许多困难和挫折,以及在生活和工作中的优良竞赛作风、态度及精神,是和在清华八年间清华体育道德精神的培养分不开的。"

1923级的施嘉炀在1915年考入清华学校,在学校的最后两年,马约翰亲自指导他的跳高、跳远和120码高栏,他曾代表学校参加华北运动会获得了高栏冠军,他当了教师后依然遵循马约翰的教导,晚间常到体育馆或者球场上锻炼身体。

时昭涵(1921级)是我国著名的化工专家,他在1912年进入清华,一心工业救国的他在体育方面的成绩也十分优秀,堪称当时学校里一名无可匹敌的运动猛将。他参加过远东运动会等众多大小型体育比赛,他的体育奖状和奖杯多到可以装满一个箱子。

1920—1923年间清华校内田径比赛优胜者名单及成绩

年度 项目	1920	1921	1922	1923
100码	时昭涵 10 4/5"	刘行骥 10 4/5"	时昭涵 10 3/5"	许鉴 10 4/5"
220码	时昭涵 24"	黄博文 25"	时昭涵 24 2/5"	汪准 25 1/5"
440码	宋俊祥 56"	宋俊祥 55 3/5"	李克家 60"	汪准 57"
880码	尚仲裔 2'13"	汪准 2'28 4/5"	周培源 2'21 3/5"	周培源 2'21 1/5"
1哩	尚仲裔 5'1"	汤佩松 5'28 4/5"	周培源	周培源
3哩	尚仲裔 17'52"	周培源 20'9"	陈瀛元 26'	周培源 19'55"
120码高栏	时昭涵 17 3/5"	李克家 19 1/5"	邓式曾 19 2/5"	施嘉炀 19"
铁球	时昭涵 40'10"	时昭泽 39'2 1/5"	时昭泽 39'10 1/2'	塞先达 38'8"
铁饼	时昭涵 93"	时昭涵 105'4"	陈崇武 96'7 1/2"	塞先达 88'3"
标枪	陈崇武 124'4"	陈崇武 125'	时昭涵 134'	邓健飞 124'
跳高	时昭涵 5'6"	时昭涵 5'7 1/2"	时昭涵 5'2"	施嘉炀 5'4 3/4"
跳远	时昭涵 20'4"	刘行骥 19'4"	刘行骥 20'11"	汤佩松 18'9"
三级跳远	时昭涵 41'9"		时昭涵 39'	邓健飞 37'3"
撑杆跳高	陈崇武 10'5"	陈崇武 11'1/2"	陈崇武 9'6"	酆裕坤 9'4"

（历史资料，部分信息缺失）

马约翰训练了一大批运动猛将，增强了清华学生的整体身体素质，他在学校里广受师生的尊敬和爱戴，在校门之外，他也树立了一个有口皆碑的体育人形象。

清华学校早期的奖杯和奖旗

1923年清华学校田径队合影

　　华北青年会举行了一次田径赛,请来了许多中国裁判,其中就有马约翰。比赛正在进行时,一位中国裁判正在测量跳远的距离,他从土的破口处来测量,程序完全正确,最后却受到了不公的责难。美国人查莱克是基督教青年会负责体育比赛的人,但这个负责人对于体育专业一窍不通,他在这次跳远的距离测量中硬说中国裁判量错了,竟然当众责骂中国裁判。这位中国裁判十分委屈,他憋着一口气,却没有吭声。

　　马约翰跑了过去,他用英语同查莱克交涉,解释中国裁判的测量结果没有任何问题,请他说话客气点儿。查莱克仍然固执己见,继续责骂。马约翰也奉陪到底，与他辩论起来。他从口袋里掏出英文规则，把白纸黑字的规则给查莱克指了出来，说得查莱克哑口无言。

这次事件过后，马约翰的仗义执言和过硬的专业能力给许多中国裁判员和体育教员留下了深刻印象，北平的体育界对清华的体育教师也多了一份敬重和认可。

马约翰在《改进时期中清华之体育》的文章中说道："十余年来，清华体育发展之声誉，于华北全国及远东运动场上，已习闻久矣。其经过之程序，于15周年纪念增刊所载之《十五年来清华之体育》中，亦可窥见其大概。"

马约翰所提到的《十五年来清华之体育》为郝更生所写，郝更生在这篇文章里写道："民国十一年（1922）后，清华田径赛成绩，虽未能继续勇猛进步，然各种球类技术上之发展，实有日新月异之势。清华体育发展之趋势，于是乎因此变迁矣。盖由锦标式之比赛而变为'有兴趣之练习'也……锦标式之比赛虽为普及体育之唯一利器，然有兴趣之练习，实为将来发展社会体育之基础……民国十一年后，清华体育发展趋势，已倾于兴趣方面，亦可为清华体育改进时代。"

20世纪20年代中后期，清华的田径成绩没有太大进步，各项球类运动却蓬勃发展起来。从1913年秋到1919年夏，清华篮球队对外的比赛成绩为13胜1平14负，从1919年秋到1926年夏，清华的战绩变为49胜2负，其中输掉的两场比赛，一次输给了北京青年会，另一次仅以一分之差输给了交通大学。当时清华篮球队唯一的对手是北师大，这两个学校在1921年共同组成了中国篮球队，代表国家参加第五次远东运动会。中国篮球队最终以32：29战胜日本，30：27战胜菲律宾，夺得了冠军，这也是中国男篮首次在远东运动会上夺冠。

清华学校在体育竞技上硕果累累，取得了无数荣誉，而针对全体学生的普通体育训练，学校也同步进行着一次又一次的升级改革。

学校对学生们制定了两种与体育有关的训练，即童子军训练和军事训练，这两种训练不计成绩，不算学分，却是每个学生必须参加的活动。中等科学生在4年内必须参加为期两年的童子军训练，训练的内容为包含野营在内的一些野外生存训练。每天下午4点后，学生们就开始了长达90分钟的训练，每周有2次训练，童子军训练只在中等科学生中施行。

军事训练即兵操，高等科学生必须进行为期两年的兵操训练。兵操和童子军训练的时间安排一样，都是下午4点后开始，每次持续90分钟，每周进行2次。兵操的教官由美国西点军校毕业的军官担任，学生们使用的教材采用美国公立大学后备军官训练团通用的操典。

第一次世界大战在1918年结束，随着奉行军国民教育的德国战败，军国民教育和兵式体操也逐渐退出清华学校的教学舞台。从1919年春到1920年春，学校的中等科一、二年级的学生实行四小时的体育课，1920年秋以后，中等科、高等科和高一、高四的两小时强迫兵操课取消后，也开始实行四小时的必修体育课程，只剩高二和高三的学生继续学习兵操。到了1922年，教育部公布了新学制"壬戌学制"，"兵式体操"课也被教育部正式废止了。

马约翰为学生的体育比赛训练倾注了大量心血，对全体学生的日常训练也毫不放松，他在北平的教育界为清华的教师立威立信，诠释着他心中的体育精神，而他的体育教育事业不只在清华和北平，也在全国。

成立于1922年的中华业余运动联合会，是中国第一个正式的全国体育组织，可惜部长却是美国人。1924年，马约翰和张伯苓等人组织成立了中国第一个真正的体育组织——中华全国体育协进会，这个组织逐渐在各大体育赛事中拿回了中国的体育主权，逐步实现了中国体育的自主化和规范化。

1925年，马约翰在清华完成了他的第二个五年教育历程，他再一次获得了去往春田学院进修的公假。而这一次的马约翰已不是五年前的马约翰，他的这次进修之旅也有了不同的风景和不同的收获。

百年巨匠 马约翰 Century Masters Ma Yuehan

第八章 运动的迁移价值

1925年，马约翰再赴美国春田学院，开启了又一次体育深造之旅。他从家里启程时，许多朋友站在门前欢送他，他带着友人的祝愿乘火车去了上海，在上海的码头边，还有一大群人热情相送，马约翰登上了杰克逊总统号轮船，驶向大西洋西海岸的美国。

两天之后，轮船途径日本，马约翰和几个朋友上岸看了看横滨和东京。第二天，他们就从日本出发到了西雅图。整个海上的旅途中，他们享受着各种社会活动的乐趣，到了西雅图之后，也受到了朋友的热情招待。随后，马约翰和朋友们沿着北方大铁路来到了芝加哥，享用了青年基督教联合会为他们准备的丰盛午餐，再从芝加哥乘火车去了马萨诸塞州的春田市。

马约翰第二次来到美国春田学院，攻读体育教育专业的硕士学位。他这次研究的领域包括基督教青年会的管理、社会进化、宗教阐释和人类学。这次学业结束时，他完成了一篇名为《运动的迁移价值》的主论文和一篇名为《中国拳术初探》的副论文。这一次，汉福德·波尔和詹姆斯·麦克科蒂还是马约翰的论文导师，法恩斯·沃斯代替了切尼成为马约翰的硕士论文导师。

在收集主论文材料的过程中，马约翰访问了多位美国著名体育教育家，比如桑代克（E. L. Thorndike）、柴尔德（C. M. Child）、库（G. A. Coe）、科蒂斯（H. S. Cutis）、艾尔文·埃德曼（Irwin Edman）、卡尔·葛如斯（Karl Groos）、霍金（W. E. Hocking）、郝威尔（E. C. Howell）、

肯尼迪（C. W. Kennedy）、凯尔帕里克（W. H. Kilpatrick）、拉德（G. T. Ladd）、蒙泰斯瑞（M. Montessori）、威廉姆斯（J. F. Williams）等人。

这些体育教育名家中，对马约翰影响深远的主要有两位，一位是J. H. McCurdy教授，他常把训练方法统一在科学实验的基础上，主张用最好、最适当的机会来进行实验，他也正用这些方法在训练一批年轻人。另一位是哥伦比亚大学教育学院的威廉姆斯，他的教育对象是一批教师，他重点解决的问题是教师们的教学方法。威廉姆斯在他的《体育》一书中提出体育的方法应是顺乎自然的，体育教学在适应孩子们本能的意义上也应当是自然的。

在第一次世界大战之前，美国人多以健康作为体育运动的主要目的，第一次世界大战结束后，体育的教育价值逐渐倾向个体和社会的关系、个体的社会品性。体育教育中的各种训练，开始向有助于实现社会目标的方向发展，体育的社会功能逐渐在价值上超过了健康教育。体育教育中个体与社会的关系以及个体的社会品性成为美国体育学术领域研究和讨论的焦点。这样的学术氛围也极大地影响了马约翰的研究方向。

经过一年的调查研究，马约翰在1926年完成了他的硕士毕业生论文——《体育的迁移价值》（The transfer value of athletics），这篇论文成为他体育理论的代表作品，也成为中国体育史上占有重要地位的一篇学术论文。

这篇论文比他在五年前写的《体育历程十四年》的篇幅更长，理论性更强，论文大篇幅地增加了理论阐释和逻辑论证，所涉及的学科领域也有所拓展，涵盖了社会学、教育学、心理学、生理学和医学等学科。

美国心理学家、动物心理学的开创者桑代克（Edward Lee

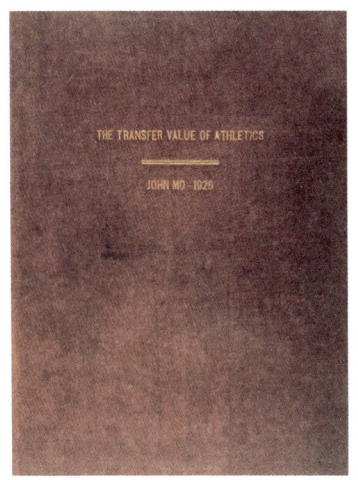

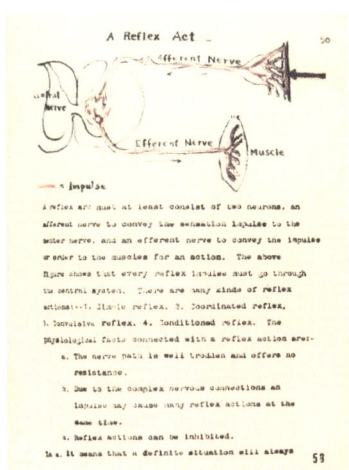

马约翰的英文论文《体育的迁移价值》

Thorndike）提出了学习的三个主要规律：有无准备、用还是不用、满意还是厌烦。马约翰认为最后一个规律"满意还是厌烦"与他想要讨论的教学方法关系密切。满意和厌烦可以作为调整一个练习方法好或差、强或弱的标准。桑代克的行为主义心理学和"用科学实验来证明"的学术态度对马约翰影响较大。

马约翰在《体育的迁移价值》这篇论文的序言中写道："这篇论文的主要目的是论证一个生理学和心理学的前提，以表明通过运动可以使道德品质进行转化的基础。之所以写这样一个题目，一是有探求这种转化的真理的愿望，二是由某些心理学家和高等教育家们的怀疑甚至是轻蔑所激使。他们可能看不起道德品质转化这个体育的真正标准。"

他在论文的第一章里把体育的发展过程引向了三个重要方面：一是在科学实验和试验的基础上统一的趋向，二是在发展道德品质和性格方面发挥其作用，三是倾向于成为重要的社会因素。

85

在论文的第二章里，马约翰叙述了运动的教育价值，在广泛和现实的意义上进行了细致分析和阐释：

（一）敏感性和有准备性

敏捷性基本上具有体力基础和智力基础双重效能。现在体育提供最理想的技能训练，并能使感官通过体育活动更加精炼，体育可以无可非议地称得上是起主导作用的教育因素之一。去年冬天我就关于运动的迁移价值的观点，访问了哥伦比亚大学的John Dewey博士，在介绍了我的运动价值的观点之后，他表示同意我的观点，并且用"有准备性（Readiness）"这个词总结了我们的讨论。

随后，John Dewey博士对马约翰提出了作为一个中国体育教练员应有的职责，他说道："几年以前我曾到过中国。我注意到你们中国人有很强的观察力，但是缺少活动。对于你来说，在这一方面帮助你的人民，是一件极其重大的事情。"

John Dewey博士想要表达的意思是智力的训练和体力的活动是不可分离的，两者应该互相交织、并行发展。马约翰基于以上原则，以篮球比赛为例，深入分析了这种运动。篮球比赛的体力效果有五种，即肌肉训练、准确性、协调性、耐力、敏捷，教育效果有六种，即主动性、合作、服从大局、当机立断、机警性、自我控制。

马约翰在论文中总结道："体育比赛具备这一切优良品质，当然可以培养出具有崇高性格和领导能力的青年人。他对周围一切的感触是敏锐的，并对所有行动做好了准备。现在我们必须认识到，这些将仅仅通过那些适当监督和指导的运动来实现。管理得不适当的运动不仅仅是没有价值的，而且对社会是有害的。"

马约翰继续在论文中阐述第二个体育的价值:

(二)道德和性格的价值

性格的重要性和价值对社会进步而言无论怎样强调也不为过分。预示着在生活中取得卓越成就的智力和体力的结合可能由于道德上的松懈或软弱而被完全毁掉,如果一个人的性格是反复无常的或孤寂的,其健全的体格和卓越的才智也肯定会对社会有损害。体育比赛和运动对于性格发展的效果这一点,得到所有的教育者的广泛承认。

随后,他详细解析了勇气、坚持、自信心、进击性、决心五种品质与运动的紧密联系。

勇气是一种道德品质,它能使人在危急关头正确地应付。这种品质由自信心和意志所支配。勇气通过体力行动表现出来是勇敢,通过精神状态表现出来是正直。

坚持是以坚定的意志作为后盾的忍耐性,是具有一定目的的精神上的忍耐性。这是一种个人气质,一种美好品质。"坚持"几乎是"成功"的同义词。由坚持不懈的意志所激发的持续的努力而达到一定的目标——成功。

自信心是一个人自身能力和智慧的意识。这种意识鼓舞并焕发出他的自信心。人们常常注意到,一个受过训练的运动员和一个无经验的新手之间有着明显的不同。后者在比赛和训练中神经紧张而缺乏自信,前者则从容不迫、轻松、优美、准确地进行比赛。

进击性是所有体育运动的特点,人们为了获胜必须竭尽全力进攻或攻击。……这种态度是运动员的信条，无论输赢，他们必须竭力进攻。通过经常的训练，就会成为一种习惯，或者说成为运动员的第二性格。

决心是要达到一定目的的一种意志。它是使一个青年成为运动员的决心和愿望。在他被接收为队员之前，有许多必需获得的要求和技能，要完成所有的必要步骤和艰苦训练，绝对需要一个坚定的决心和坚强的意志。

紧接着，马约翰继续说到了教育的第三个价值：

（三）社会品质

社会品质是包含在个人与别人、个人与社会的关系中的内心态度的各种不同形式。那末社会品质的价值如何？社会品质是什么呢？通常人生道路中的社会品质，包括公正的比赛、胸怀坦白、诚实、善良、大公无私等等；就社会和民族而言，还包括忠实、合作和自由。人类本来就是社会性的，因而所有这些社会品质都是本能的、固有的。但是由于生活的条件，这些品质被疏忽、被忘记了。所幸的是体育开始拯救并在恢复这些社会品质。

马约翰从公正的比赛、忠实、自由、合作这几个方面讨论了运动的相关社会品质。他在讲完第二章运动的教育价值后，在第三章的开头总结了第二章的三种教育价值。

① 通过适当组织的运动，人们可以增进对环境的敏感性和对于生活中各种情况作出反应的"有准备性"。

② 通过适当组织的运动，可以增强美好的道德品质和

性格。

③通过适当组织的运动，会增强作为公民的品质和社会品质。

马约翰在第三章开始论述"运动的价值迁移"："很自然，人们会问，这些品质是专门属于运动领域，还是对今后整个人生道路也会有效果？换句话说，它们是否能够迁移？运动中的诚实作风是否会影响到社会生活中的各种关系？它们是否相同？这一章的题目就是通过分析一些心理过程来回答上述问题。我个人确信它们能够迁移，对人生会有很大的影响。"

马约翰了解了一些权威人士在学习迁移方面的意见：

"一个心理功能或活动可以改善其他许多方面，因为它们之间有相同部分，因为它包含其共同因素。"（Thorndike）

"作出特殊反应的每个因素在各种环境条件下起作用时，学习则有可能迁移，因为在这各种不同的环境中，这是一个共同的因素。"（Colvin）

"知识和训练不只是在其应用中具有特殊性，而且具有一般的价值。它们的价值通过相同的因素体现出来，这些因素至少有三类（目的、方法和内容），而且它们的价值随着指导训练的材料的相似性减少而迅速减弱。"（Ruedeger）

马约翰把收集到的所有的专业意见总括为："智力训练在教育中是最重要的事情，借助于一种实体而增强的能力可以迁移为另一种实体，这仅仅是因为两者有共同的因素。能力应当在学校里仅仅借助于这些实体和方法的因素来增强，它们在外部环境的许多有价值的方面是共同的。"

马约翰随即提出："从现代心理学家的意见中，人们自然会得出一个结论，学习的转化的基本因素是共同的状态。它可以作为一个定律。只有相同的因素才会转化。但是我们一定不能忘记，还有一个重要定律支配我们的心理活动，即：我们的一切学习活动是无法摆脱的内部运动。这样我可以把第一个定律改成：只有相同的因素和其联合才会转化。"

马约翰提出了四个可能的基础或转化渠道：（一）生理基础；（二）和谐的整体；（三）用过去的经验判断现在的行为；（四）最大地激发起孩子们的天性和情绪。

他在论文的最后一章得出了结论："运动使感觉更敏锐，使意识得到发展。意识是智力范畴中最基本和最终的东西，运动激励未来工作的行动意识，因而运动把性格的意识迁移到社会生活中去。

"体育是产生优秀公民的最有效、最适当和最有趣的方法。这不是在开玩笑，而确实是事实。这是对维持其标准的鼓动者而言的，并能引起对一系列问题的回答。'体育'——'体力和教育'，这个名字本身就能说明这一点。"

《体育的迁移价值》这篇论文标志着马约翰的体育思想基本形成，在他眼里，体育不只是单纯锻炼身体的活动，还是整个教育的一部分。他运用多种学科理论，在论文中对十余年来的体育实践进行了全面总结和论证，他也成为第一个将中国的体育升级为一种文化的先行者。

清华大学原党委副书记刘冰在《马约翰纪念文集》的序言中评价这篇论文："这是继 1917 年毛泽东同志在《新青年》杂志上《体育之研究》文献发表之后，中国近代史上又一篇重要的体育论著。他深刻论述了体育的功能，科学地分析了体育的教育作用和培养青年完善人格的意义。"

"体育的迁移价值"理论揭示了体育在培养思想道德、意志品质、团队精神等方面的独特作用,赋予了体育教育独特的价值属性,这一体育理论加之大量的体育实践,形成了一套全面、独到、行之有效的体育思想,对中国近现代体育发展产生了重要影响。

此外,马约翰还完成了论文《中国拳术初探》,作为硕士论文《体育的迁移价值》的副论文。他在清华时向李剑秋学到了丰富的中国武术知识,通过《中国拳术初探》首次把"形意拳"介绍到了西方世界。

中国拳术在锻炼肌肉方面作用显著,还具备了很好的协调性,马约翰在《中国拳术初探》一文里按照不同动作将中国武术分为五大类:

一、形意拳

思想转化为动作,或一招一式与思想高度融合,这组拳包括五个基本招式和十二套模仿鸟兽大战中的动作。

二、八卦拳

是八度和音。它帮助人们保护自己免受来自四面八方的袭击。如果一个人熟练掌握了这门武艺,他能轻而易举地敌挡8—10人的攻击。

三、太极拳

太极拳由一位得道高僧创造,有自己独特的风格,因此以这位高僧的名字来命名,据说所有的招式来自猛龙的动作,每一动作的名字来源于龙的不同动作。

四、弹腿拳

弹是踢的不同形式，是拳击的一个分支。在弹腿拳中多次用到双腿的动作，创始人在攻击中用腿部动作很多。

五、少林拳

少林为寺庙名，这套拳由一些和尚创造。许多年来，创始人倾尽心血完善不同的动作。去世之前，他所有的弟子都已接受了良好的训练，少林拳以这种方式被流传至全国。

马约翰在众多拳术中选择了形意拳来作为中国拳术的基本动作。形意拳大多数的动作来自矛枪之战，这种拳在河南极为盛行。到了明末，形意拳还被传到了北方的山西省和直隶省（今河北省）。现在的形意拳在河北省仍然有广泛影响，甚至频频出现在小学里，成为学校体育课的内容或是娱乐活动。

马约翰选择形意拳作为中国拳的基本动作有两方面的原因："第一，形意拳动作简单易学，但它简单而不死板，又不像软体操那样僵死正规，所以深受孩子们的喜爱；第二，这套拳有极高的生理价值，肌肉协调性的比率很高，每个动作都着重锻炼一个主要器官，同时大组肌肉也得到了锻炼，身体协调性增强。大组肌肉锻炼的直接获益者是主要器官，器官的紧张和功能是机体健康的主要因素。无论哪一方面，它都符合美国最新的体育理论。"

马约翰在《中国拳术初探》的前言中开门见山地表达了他推广中华武术的愿景："我愿筛选西方拳术和摔跤中的精华，与东方的拳击和摔跤结合，创造一门新的行之有效的防卫术，并将其发扬光大。"

1926年，马约翰获得了美国春田学院的硕士学位，春田校方向他发出了留校任教的邀请，但被婉言拒绝了。

回到清华的马约翰，再次担任学校体育部主任，而他这次的走马上任还经历了一段小故事。曹云祥的侄子曹霖生在1925年来到了清华，教授军事，他毕业于美国西点军校，是学校前十二名的优秀毕业生。马约翰对学生一贯秉持民主和自由的原则，曹霖生却不赞同马约翰的教学方式，说他对学生太过宽厚，应该用军事办法来严格管理学生。他提出学生找老师时需要报告，还要立正，老师应该保持应有的姿态和架势，说话时，学生应该唯唯称是。在曹霖生的严格规训下，学生们倒也规规矩矩地照做。

马约翰对这种教学方式并不认可，他依然坚持自己的训练方式，曹霖生曾去校长处对马约翰无端挑刺，马约翰也毫不在乎。没过多久，马约翰去了美国的春田学院进修。就在他出国之前，校长提出让曹霖生来当体育部主任，马约翰也同意了。

到了1926年，马约翰进修回国后，学校又请他当回了体育部主任。原来曹霖生的教学效果并不理想，他还常向学生发脾气，引起了众怒，被学生们赶跑了。

1926年4月26日，清华第一次评议会根据《清华学校组织大纲》中"本校学程以学系为单位"的规定，决议设立17个学系，体育学系、军事学系两个系仅设普通课程。28日的第二次评议会上，体育学系、军事学系合并为了体育军事学系。29日，经学校的教授会选举，体育军事学系的系主任仍由马约翰担任，这个决议出来之时，马约翰尚在美国。

马约翰回到清华担任系主任后，还多了一个新的身份，他被春田学院聘为中国的委托介绍人，每年可以保送两名教师、学生到春田学院留学。后来，由马约翰选送去春田的教师和学子就有十余人。

马约翰在《体育的迁移价值》中指出："产生一种美德与养成不

良的品质，其原因和方法是相同的。管理不好的运动无疑会产生所不希望出现的性格。无论结果是好是坏，都有迁移效果。"由此，他在论文的结尾处对体育指导者的资格作出了要求，亦是他对自己一生从事体育教育的要求：

①他应当是具有坚定而和蔼的性格的人。

②他应当不只获得全部体育技能，而且也是具有强健体质的榜样。

③他必须具有非常清楚的生理学、解剖学知识和运动生理学知识。

④他应当具有充分的卫生学、公共健康和急救的知识。

⑤他应当熟悉教育（方法、教学法和统计）。

⑥他应当对社会问题具有清楚、明朗的思想。

⑦他应当具有鼓励运动员和惩罚阴险狡诈行为的道德勇气。

百年巨匠
Century Masters
马约翰 Ma Yuehan

第九章 失而复得的『教授』头衔

清华学校从1925年起，每周加入了2小时的军事训练，体育课由每周4小时减少为每周2小时，体育教材也略有改进。清华学校在北京高校体坛上的成绩开始逐年下滑，1926年到1928年期间，学校的体育竞赛成绩落入低谷。一些人开始对运动比赛持有异议，认为这些比赛是"提倡发达畸形之体育，而非提倡普及体育之正道"。

1928年4月20日，马约翰在《清华周刊》437期上发表了《校际运动比赛》一文，对学校体育成绩的滑坡作了总结：

> 或问清华前此运动成绩，屡执华北牛耳，而近数年来，屡战皆北者何也？关此一点，鄙人可为分答如后：物极必反，盛极必衰，理之常情也，此其一。再，一事之成功，全靠全体之合作，我清华同仁，既多不知重视体育，且对于好事运动之学生，甚且有以分数限制之，从中阻止其进取者；而同学方面，不独不加以鼓励，甚至校队失败归来，加以抨击讥笑，扫人兴致，此其二。学生课务太忙，下午四时至六时，尤须埋头书案，不得置身户外，一活筋骨，此其三。从前每学生每周必习户外运动两小时，此对于校队成绩之帮助极大，今因课忙，已完全取消，此其四。因上述之原因，致运动员人数愈少，一身兼任数事，既疲于奔命，复一技不精，此其五。准上述情况之下之队员，出与他人比赛，屡战皆北，无足怪也。

马约翰对体育竞技的优点做了深入解析，坚持认为竞技体育极为重要：

> 人之进步，基于竞争，竞争愈剧，进步愈速，此定理也。校级运动比赛，包含上述之利益，其价值之大，可想而知矣。……得以发扬义侠精神，其效一也，吾清华此种精神，素为国人所称许。所谓胜亦英雄，败亦英雄者是也。再用此种比赛方法，各校间于相互观摩之际，可以培养学子爱群及团结精神。此种精神，对于国家之大团结力，有直接关系，其效二也。经过良好训练之运动员，可以去除以前一切不良之习惯，遇事循规蹈矩；待人接物，和蔼可亲；见义勇为，且能胜任。此种精神，与其将来置身社会为人之成功，有莫大关系，其效三也。运动既为人生要图，则对于此种应为之事，即宜刻苦进修，以收最大效果。所谓坚决奋斗之精神者，运动比赛时，最能养成者，其效四也。

马约翰客观分析了学校体育教学的诸多问题，但他仍然对清华学子们充满信心和期待：

> 虽然，清华此次参加华北运动比赛，因上述之种种原因而失败，但关于此次清华各队队长措置之有条不紊，队员之坚决奋斗，以及欢呼队之鼓励与合作之精神，实有其藏力在。将来一旦发扬，其成绩之佳，或有更优于前时者，清华前途，实有厚望焉。今谨书西方格言数语如次，为诸君勉：
>
> "Into each life some rain must fall."
>
> "Be still, sad heart!"

"Behind the clouds is the sun still shining!"

人生总有失败时。

只须少安毋躁，自强不息。光明自在后边！

1928年4月18日，以蒋介石为首的南京国民政府建立，北洋政府宣告落幕。清华学校在政权的更迭下迎来了一场巨大变革，1928年夏，清华学校送走了最后一级留美学生，也走完了作为留美预备学校的最后一段路程，学校从此更名为国立清华大学。

9月18日，国立清华大学迎来了首任校长罗家伦，罗校长在1920年毕业于北京大学，是"五四运动"时期的学生领袖之一，他在英、美、德、法等国家留学了5年，回国后就被蒋介石招入麾下，佩少将军衔，担任国民党战地政务委员会教育处的处长。大学院（即教育部）院长蔡元培先生向罗家伦发出了委任状，让他快速完成清华的改制，建立起一个完整的国立大学。

罗家伦颇有一番雄心壮志，他在就职典礼上提出要"在这优美的水木清华环境里面，树立一个学术独立的基础"。很快，他便开始了大刀阔斧的教学改革。10月12日是清华大学的开学之日，这批入学的新生中首次出现了15名女生。学校原有55名教授，在罗家伦的改革下，解雇了37位水平不够的教授，重新聘请了20多位教授。这原本是一场整顿师资的利好之事，结果马约翰这位专业一流的体育教授竟然也在这场师资改革中受到了打击！

罗家伦并不看重体育，他认为体育部还有教授，简直不成体统。体育这门课程不仅不需要教授，也不需要那么多教员。因此，马约翰的教授头衔被强行撤销，体育部的工作人员被裁掉了一半。

马约翰在学校广受学生爱戴，深得人心，他被降职降薪后，其他同事纷纷为他鸣不平。这段时间里，别的学校也开始向他伸出橄榄枝，厦门大学来信，想要高薪聘请马约翰，但他却坚持留在清华工作。马约翰不愿计较名利，只是说："我是为了教育青年，不是为名，更不为钱。不让我当教授可以，若不让我教体育我就要与他干一场！"

1929年9月，新的一学期又开始了，清华大学全校总共只有40多名女生，马约翰就为她们单开了一个班。由于女生少，又分布在全校各个系，体育课只能安排在晚上。马约翰为她们上第一堂课时曾说："你们现在有这么多人了，听说今年从各校来了几位有名的运动员，例如女附中的一个Captain（队长）。"

马约翰举目四望，寻找着这位队长，张梦庄不好意思地举起手来。此后，张梦庄就成了全校闻名的"Captain"了。

随后，马约翰对女学生们继续说："你们现在有条件选出一个篮球队来啦。"

马约翰就这样亲自组建出了清华大学的第一支女子篮球队，第二年年初，马约翰又组建了清华的第一支女子排球队和田径队。马约翰还欣慰地说："这一年中，女生体育是有成绩的……但是还要继续努力！"

有一次，马约翰在给女生上课时，看到她们嘴上的口红就开玩笑说："你们爱美，很好！但是口红是假的，而健康才是真的。"

清华女生的体育成绩有了持续向好的发展势头，而学校的男子足球队却经历了一些坎坷挫折。北平四中举行了一场足球赛，其中一所参赛大学的队员没有体育道德，踢人不踢球，导致同场竞技的清华足球队队员多人负伤，结果清华以0:1的比分输了比赛，有些队员士气低落，对后续的比赛也没了信心。

1929年冬天，华北体育联合会在天津举办第六次足球锦标赛，清华大学决定参赛，但在报名之前，学校的足球队没了雄心壮志，表示没有赢的希望，不如和邻校组合成一支强队去比赛。

这时，夏勤铎站出来鼓舞队友们，他提出清华的实力与友队不相上下，即使拿不到冠军也是一次锻炼，他们应该振作精神，积极参加比赛。夏勤铎的建议得到了多数队员的赞同，清华大学最终决定单独报名参赛。最后，萧涤非（队长）、黄中孚、何汝楫、谭葆宪、赵燕生、沈崇诲、白光里、黄玉佳、张天寿、谢子敦、羡钟汾、梁普、石端、夏勤铎、宋震弘、黄恭仰这些队员纷纷报名，愿意参加这场足球比赛。

12月25日，马约翰带领清华足球队的16名队员赶赴天津。这次华北锦标赛共有8支队伍参加，比赛分两组进行，最后由两组的第一名来争夺冠军。与清华大学分在同组的有北洋大学、北京震环队和燕京大学。

经过了三天的比赛，清华大学共踢进了15个球，净胜球10个，以大比分战胜了所有对手。另一组的第一名是赛前被认为实力最强的足球新秀东北冯庸大学队，这支强队将与清华大学足球队一起揭晓最后的悬念。

决赛开始后，清华足球队在北风呼啸中与冯庸大学队展开了激烈角逐，冯庸大学队发动了猛烈进攻，清华足球队善于防守反击，他们抓住机会，在短传突破中，连胜两球。第二个球由黄玉佳踢入，冯庸大学队最后一球未进，清华足球队以明显的优势夺得了华北体育联合会第六次足球赛的冠军。

当清华这支冠军足球队凯旋回校时，校长、教授、同学、工友们纷纷恭候在学校门口，学生们燃放起了鞭炮，热烈迎回了冠军队员们，师生们把马约翰从西校门一路抬到了大礼堂，礼堂前张灯结彩，贴着庆贺的标语"我快乐得要打滚"，"我愿为你们脱靴"。

1929年，华北足球锦标队

这天刚好是 1929 年的最后一天，12 月 31 日，大礼堂内已经准备好了一场新年晚会，全校师生就等着冠军球队回来庆功，在双喜的氛围中共迎新年。

眼前欢天喜地的热烈场面让罗家伦感到意外，他感受到了体育比赛为学校赢得的荣誉，看到了马约翰在全校师生中的人气，对体育的态度开始有了颠覆性的转变。第二天，他就把马约翰升回了教授职位，恢复了原职原薪，还送给马教授一个银杯。

"你们看好笑不好笑！其实，我干体育难道为的是钱呀！"马约翰又气又觉得好笑。他在《谈谈我的体育生涯》这篇文章中回忆了这件官复原职的趣事："我说这件事，是为了说明国民党时代，是完全不重视体育的。他们把体育只是当作一个沽名钓誉的工具。能猎取到名利,他们就要你;不能,他们就把你一脚踢开。"

这个时期的体育活动不再是单纯的体育竞技,它成了国民党贪官们发财致富的名利场。比赛场上勾腿、打架成为家常便饭,不好的风气逐渐盛行,体育道德日渐败坏。

当时清华足球队有一个足球中锋翟克恭,他的球技非常好。他在假期回了上海老家,在踢野球的过程中,学了很多犯规的坏动作,比如绊人、踢人、勾人、压人这些陋习。

马约翰对此感到十分生气,狠狠地批评了他:"你不改掉,就开除你。"这个学生离开足球队后进行了深刻的检讨,他后来向马约翰道歉,保证改正错误。马约翰爱惜学生,同意再给他一次机会,让他回到了足球队。

运动场上的不良风气让马约翰感到难受,他回忆起当时的行业情况时说:"常常为了谁胜谁负,打得头破血流,比赛结果不得不不了了之。当时作裁判员,随身必备的'日用品'是手枪,而且还得抱着有去无回的精神才敢下运动场。"

有一次,由李惠堂指导的香港足球队来到了北方,他们想跟华北足球队较量。当时踢球过程中打架之风很盛,比赛主办方请过许多人去当裁判,但大家都有很强的戒心,不愿意去,最后马约翰自愿过去帮忙。比赛最后,李惠堂的香港队输了比赛,但在比赛过程中,没人敢捣乱作怪。散场时,李惠堂走过来拉着马约翰的手,赞扬他作为裁判十分公正。

清华足球队在 1928 年参加华北区第五次比赛大会时,与另一支球队争夺冠军,对方竟然当胸一脚把清华的主力队员踢晕,全场为之哗然,马约翰立即出面平息风波,他替换了队员上场,重新比赛。最后,清华足球队虽然还是输了比赛,但赢得了全场观众的赞赏。

当时华北各个学校都愿意和清华的学生们玩儿，同他们比赛，但他们又都有些许嫉妒心，双方常常一比赛就打架。对方看到快输了，就开始起哄，打裁判，打运动员，导致比赛无法进行，直到参赛队员们各自散去。

马约翰想要改变这些败坏的道德风气，他把北大、清华、师大、燕京和辅仁这五所大学的体育教师请到了家中，对他们说："踢球打架很是不好，应该讲体育道德；教师应该科学地训练学生，应该注意青年在体育道德上的修养；教师应该在体育道德、生活作风上以身作则……要学生有很好的体育风尚，首先教师得有很好的体育风尚。总之，我们五大学应做出个榜样来，不能一踢球必打架。"

马约翰与各位老师共同商定成立五大学体育组织，以加强大学之间的交流，提升体育道德、改善体育风气为目的，定期安排竞赛活动。马约翰强调"以奋斗为先，淡化'唯成绩论'"的竞技体育观念，"一个人可以输掉一场比赛，但永远不能输掉运动道德"，"不以简单的胜负作为评判同学们表现的唯一标准"。

五大学体育组织还专门拟定了比赛计划和规范，提倡不打架、不使坏的体育竞技精神。组织"五大学比赛"，为体育道德和比赛作风树立一个榜样。

1930年的冬天，五大学体育会正式成立，马约翰担任会长，袁敦礼为副会长。袁敦礼在10月末接受了记者采访，他在回答问题时明确了五大学体育会的宗旨："五校发起这个体育会的目的是提倡体育精神和体育道德，一切比赛都要注意友谊与联络感情，而非纯锦标性质。比赛在各校内，这样可以鼓励全体学生的兴趣，在管理和组织方面比较方便。既简易，效果又较大。这是普及体育的最好方法。"

这五所大学中只有清华大学有正规的田径场，因此每年5月间的

1930年，马约翰（一排中间）与清华大学体育部同事留影

田径运动会都在清华举行，由清华体育部的教师进行筹备。随着北平五大学体育会的成立，五所学校的体育成绩都有所提升，各个学校的专长也逐渐突显出来，比如师大的篮球，辅仁和清华的足球，燕京的棒球、网球和排球。

清华大学拿下了华北体育联合会的足球赛冠军，很快又迎来了一场激动人心的南北之战。当时华南和华东的足球队都看不起华北的足球队，认为华北的篮球还行，足球就不是他们的对手。当时的最强者华东交大足球队来到北平，向清华大学发起了挑战！

清华大学要如何应战？马约翰事先对足球队的队员们做了思想指导："别着急，好好踢。平时怎么练的，临场就怎么踢。踢球输几分可以，体育道德却不能输掉一分。"

最终，清华大学以3比1的成绩赢了华东交大，整个北平为之沸腾，北平的各大报纸刊登了比赛消息，新闻记者对这场比赛进行了隆重的报道，经此一战，清华足球队在全国名声大噪。

清华大学善斋的南面有六副铁支柱的篮球架，是马约翰和其他教师一起设计，后由清华工人制作完成的，这些体育器械总只共花了八十元。

当时清华的体育器械，绝大多数都是从美国买来的，马约翰就带头自制器械，他的目的很简单，想扭转学校一切体育器械都从美国买的想法。为了摆脱对美国教学的依赖，马约翰除了自制体育器材，还自创了不少健身方法。

他自创了独特的"三浴锻炼"法，提出洗澡应采用热水—冷水—热水的方式进行冷热交替的冲洗，让皮肤适应骤寒、骤热的能力，促进血液循环。

他教学生先用温水冲洗三分钟，把汗水冲净，然后擦上肥皂，再用烫的水洗四分钟，最后用冷水冲几秒钟。这样反复几次，洗完之后用大毛巾擦，先擦前胸再擦背部。

此外，马约翰主持创造了几百套徒手操、拉力器的练法、田径球类的练法，还有各种矫正体格的方法以及体能的测验方法等。马约翰在普及体育的过程中，强调学生要有普遍的、活跃的、自动的、勇敢的精神，他常常鼓舞学生"奋斗到底，决不放弃！"（Fight to the finish and never give in!）

马约翰还与时任清华教务长的梅贻琦一起合作，和京津一些体育、艺术名家，如董守义、郝更生、高梓、张汇兰等人一起利用清华比较完善的体育设施和师资，在1928年的夏天举办了第一期暑期体育学校。这是中国有资料记录以来，最早最全面的体育培训，为我国早年的体育师资培训做出了重要贡献。

梅贻琦担任暑期体育学校的名誉校长，上课时间为一个月，学员结业时颁发证书。80余名学员来自全国各地，他们多是中学体育教员和体育专门学校的毕业生。暑期体育学校的教师则是当时国内体育界的专家，有马约翰、董守义、郝更生、郭毓彬等人。到了1931年又举办了一期，每届体育学校都由梅贻琦担任校长，马约翰担任主任。体育学校在一定程度上提高了体育教师的专业水平，促进了全国体育教学水平的发展。

清华体育部经历了减员风波后，体育教学受到了极大影响。就在马约翰被降职降薪时，武术教员李剑秋先生则收到了学校的解聘通知书。1930年3月，十几位爱好武术的学生向学校联名提交了一份申请："商同体育部，念清华国术十七年来之光荣历史，乃亟请予学校当局，恢复旧观。深得吴前教务长之助力，再请在清华执教十五年之国术教员李先生回校……清华国术乃告复活……又大有中兴之望矣。"

在学生的强烈要求下，李剑秋重回了清华体育部，学校在体育馆国技练习室还举行了欢迎李剑秋先生回校教学的仪式。

1930年8月，清华聘请了赵逢珠来体育部任教，他曾是20世纪20年代威震全国的北京师范大学篮球队五虎将之一，打后卫，凭借防守、助攻的超强实力被人们称为"半壁天"。他来到清华后担任男篮教练，成了马约翰的得力助手。

清华大学按照体育比赛的成果和成绩，可分为三个阶段，第一阶段是在1925年之前，学校处在留美预备班时期，当时"学生入学年龄尚幼，正当体育训练第二期之最好时期，易学而兴味亦浓，技巧而求知尤专；二因年限甚长，合作共进机会多，队员彼此谅解同情心大，故是时大有所谓知己知彼，百战百胜之概"，清华提倡强迫运动，在一定程度上提高了全校学生的身体素质，让"清华体育名声在华北大有岐山独鹤之概"。

第二阶段是 1925 年到 1929 年，这是新旧制的混合时期，学校既有留美预备班的学生，也有议改大学而招收的新生。1925 年 5 月，清华学校设立了大学部，开始向大学过渡。当年 9 月，学校招收了大学普通科一年级学生 132 人，实际报到 93 人，他们成为清华大学的第一级学生。相对于留美预备部的旧制生，大学部所招的学生被称为新制生。

学校从 1925 年起加入了军事训练，将体育课减少了一半，新制招收来的大学生在入学前接受的体育训练大多不如清华旧制生前四年的训练，学生整体的身体素质有所下降，同时外界的各大学校逐渐增强体育教学的过程中，体育成绩正在默默赶超着清华。

第三阶段是从 1929 年起，清华大学的体育又重新在各大比赛中崭露头角，以马约翰为首的体育部的教师们继续狠抓体育教学工作，提升学生体育技能和身体素质。

到了 30 年代，清华大学的体育又蓬勃发展起来。除了足球队之外，学校的田径队也重新焕发活力，学生们在跑道上奔跑时，时常看见马约翰挥着拳头高呼：

"Fight, fight, fight! Fight to the finish. Never give in!"

（拼，拼，拼！奋斗到底，决不放弃！）

百年巨匠 Century Masters 马约翰 Ma Yuehan

第十章 百花齐放的运动

清华的师生常说这样一句话："今日觉得很不舒服，因为没有去体育馆斗牛。"他们口中的"斗牛"是清华大学里最受欢迎的运动之一，这项颇具特色的运动不讲究篮球规则，偶尔可以带球走，可以踩线，也可以篮下3秒以上，没有犯规，没有暂停，没有裁判。每个人都谨守运动员的精神，在球场上自由奔跑，享受着运动的快乐。

1938级的夏壮图曾说："我一进清华，就爱上了'斗牛'。"1936级土木系的邹承曾在他写的《忆斗牛》中详细回忆了这项运动："在四点钟以后……便可听到体育馆内喊声震天。再走近些，更可隐约听到那馆内拼木地板被蹬跳得咚咚作响，和此起彼伏的大喊大叫声，那便是众家好汉们正在斗牛也，你可看到在不太大的健身房、篮球场上，两军对垒：斗得难分难解，这两军似乎壁垒分明，大家将士用命，奋勇作战。但都是乌合之众，且各有人马多少，无人知晓，每军内分不清前锋后卫，也不知有几个中锋。反正，每边决不止五人，人数多时，在场驰骋的英雄好汉，可达二三十之众。在其中，每个人都是前锋，也可是后卫，也可是中锋。你要斗牛，随时可以加入。"

以马约翰为首的清华体育部在1934年发表了《体育概况》一文，文中谈到了学校的体育普及教育："提到'体育'二字，普通人就联想到该校的球队实力如何？战绩如何？似乎一学校的体育就以少数人为代表，同时以为发展一个学校的体育，也就可以以训练少数的代表队员为宗旨。这种见解完全错误。校队不过是体育活动的一种而已。目下水木园内的体育可说是向多方面进展，虽然近年来清华的对外战绩远不如昔，但是清华的体育仍然是迈开大步向前猛进。水木体育的最大的目的是普及，使每个学生皆有机会来运动，不但在学校里运动，而且踏入社会后仍然继续运动。如欲达到此目的应当使学生在学校时养成爱好运动的习惯，也就是对运动发生兴趣。"

马约翰指出当下清华的对外战绩远不如以前，但学校的体育教学仍是大步向前、高歌猛进的，学生的运动水平从整体而言是向好的。他在1928年的《校级运动比赛》中再次强调了体育的普及问题："至于普及全体学生体育一事，体育部尤为重视，深加注意者也。故以全校平均之体力而论，我清华可与国内任何学校相比，均可不居人下。"

像"斗牛"这种娱乐性极强的体育运动受到了全校师生的追捧，学校里其他普及性强的活动也在马约翰等人的积极推动下遍地开花。

清华大学有一个夺旗竞赛的活动，每到校庆之前，学校就会在大礼堂前面的草坪里找一棵大树，在树上挂起一面旗子，再组织各个年级的代表队，共同夺旗。每级必须有20人参加，每个人必须穿着本年级的级服和橡皮鞋。竞赛开始时，各队就站在距旗相等距离的位置，直到评判员一声令下，再一起冲向目标旗子。比赛要求学生不准有伤人的行为，夺旗的时候只能徒手争夺，不准持任何器物，一旦有人成功夺旗，评判员发出判决令后，其他人就不得再行争夺。

夺旗大战一旦开始，各队都有人站在树下拉腿，他们只要看见了其他年级的人，谁上就拉谁。抢夺激烈的时候，还会把人的裤子也拉下来，也有把人的衬衫撕破，让衬衫变披风的情况。

1933年的这次校庆，比赛并不激烈，反而结束得极为神速。各个年级的几个同学抬着准备上树的夺旗者，大一的夺旗者听到开赛的指令后踩着高个儿的背一下就蹿上了树，下面的人反应过来的时候，红旗已落在了大一夺旗者手中。

按照规定，得胜的年级可以拿这面旗更换锦标旗，并享有一年的持有权。夺旗大战结束后，还有反转和升级的规则设置。得胜年级在每年1月1日必须持旗在学校里绕行一周，具体时间可以保密，其他年级拥有抢夺的权力。倘若得胜级在这一天护住了旗子，就要把旗子藏好，其他年级还可以在一年内随时侦破藏旗的地方，随时可以抢走。

学校里还有一个"历史悠久"、风评极差的"拖尸"运动，"拖尸"是英语"toss"（摇摆）的音译，是学校的老生对新生的一种恶作剧，也是清华的第一任体育部主任休梅克从美国带来的习惯，目的是为了让新生们敬重高年级的学生。

"拖尸"最早是在除夕夜进行，二年级学生组织一个拜年团，他们预先选定一些看不顺眼的新生，在夜深人静的时候突然闯进他们的宿舍，把新生从床上拖起来，他们托着学生的手和脚上下左右摆动，口中还念着"拜年！拜年！"多的时候会摆动十几次。最后，他们会把新生扔回床上，或者直接扔在地上，再呼啸而去。

季羡林在《清华，我的母亲》一文中写到了他的"拖尸"经历："有一个老乡兼老同学是篮球队长，走了他一个'后门'，没有被拖尸，我当时当然异常高兴，后来却一直耿耿于怀，觉得是错过了一生仅有一次良机，从此再也不会尝到'拖尸'的滋味了，大有'一失足成千古恨'之慨。"

1933年的入学新生曾经联合起来反对"拖尸"运动，到了1934年秋季，这批大一新生升级为大二老生，他们主持了在体育馆举行的新生体育测验，宣布取消"拖尸"，增加了"枪架下匍匐前进""爬越障碍""爬绳"等有益项目，清华的入学新生从此免去了被"拖尸"

的劫难。

马约翰在《改进时期中清华之体育》一文里对普及体育的重要性做了明确说明："所谓'锦标式之提倡',已成往事。将来之成绩,将不在区区胜负荣誉之间;而在普及练习及有关个人卫生方面,娱乐方面,矫正方面,及教育方面之圆满发展也。"

1934年11月,清华大学举行了总理纪念周,从1931年开始上任清华校长的梅贻琦对体育十分重视,这也让马约翰的体育教学有了更好的发挥空间。梅校长在纪念周上说道:"今天请体育部主任马约翰先生讲述体育问题,体育至关重要,人所尽知,特别在我国目前的国势之下,外患紧迫之时,体育尤应人人去讲求。身体健强,才能担当艰巨工作,否则任何事业都谈不到。今天马先生所欲讲者,一方面要大家明了校内体育设施状况;同时要大家知道体育在今日之重要。

"我国古重六艺,其中射御二者,即习劳作,练体气,修养进德;后人讲究明心见性,对劳动上不甚留意,是以国势浸弱。吾们在今日提倡体育,不仅在操练个人的身体,更要藉此养成团体合作的精神,吾们要藉团体运动的机会,去练习舍己从人、因公忘私的习惯。故运动比赛,其目的不在能任选手,取胜争荣,而在能各尽其可能尽的能力,使本队精神有有效的表现,胜固大佳,败亦无愧,倘遇比赛,事先觉得无取胜可能,遂避不参加,忘其为团体中应尽的任务,是为根本错误云云。"

马约翰在梅校长发言完后,开始对体育教育进行更为深入的阐述,这也是他第一次在全校范围内讲演体育。他从一开始就强调了体育的教育价值:"吾人若谈体育,对体育之观念,甚属重要。普通人多以为体育是踢球赛跑,平常说教育救国,而体育不在内,这不对,体育实在是教育最重要、最有效的方法。"

他还提到了各国提倡体育的不同目的,德国体育的目的是打造出军人的体格,通过锻炼来强健体魄,培养吃苦耐劳的精神。美国体育的目的不在于让人身强体壮,而趋向于让人的身体活泼、发达,颇有把运动作为娱乐消遣的意思。日本的各种体育设备都有,他们的目的是综合的、多方面的,但也是以倡导奋斗和竞争精神为目的。马约翰在发言中简单直接地提出了他所认为的体育的目的:"体育最重要的目的,即授与如何利用身体,当心身体的知识。各种运动即为利用身体的训练;有了健全的身体,才有健全的精神,才能求高深的学问。运动尤其是养成高尚人格的最好方法。"

这次会议过后不久,学校为了激发女同学对运动的兴趣,成立了课余运动团,增加她们的运动机会,培养体育精神,马约翰担任运动团的名誉指导。

1936年毕业的著名作家端木蕻良先生回忆道:"马约翰老师总是乐观的。上体育课点名字时,他口头上总挂着一句:'Boy! Show off your chest!'(男孩们,挺起胸来)。"马约翰在给女生上体育课时,他就换用"Chest out"了。

1929年,马约翰开始组建女子篮球队。1930年初,他率领学校的足球队和男女篮球队与天津的南开大学打友谊赛。而这场友谊赛只有女子篮球队败北,马约翰担心女队员们因此受挫,主动去找她们谈话,鼓励和安慰她们。女篮队员感到特别暖心,她们继续热爱篮球,继续充满信心。

1932年11月,新组建的清华女篮队的队员有张梦庄、张镜蓉、范希孟、吴靖、陈德君、白富文、张婉华、黄春云、田淑媛、任慧、严仁英、赵婉和、陶葆桎、李家斌。其中严仁英的个头最高,为167厘米,"Captain"队长张梦庄勇敢善战,肯拼命,在女篮队中担当后卫。

学校体育部在这一年还赠给了吴靖一件白色的运动荣誉绒衣,以此鼓励女生的体育运动。

随着一批老队员毕业,女篮队在1933年的11月又组建了新团队,新加入的何玉珍、王次薇早已蜚声华北,清华女篮在后来的比赛中陆续赢得了许多荣誉。

由于清华的女生很少,所以女子篮球队员往往又是排球运动员。马约翰在1930年开始组建第一支女排队,当时的成员有吴靖、张梦庄、吴季班、范希孟、白富文、张镜蓉、蒋恩钿、黄春云、陈德君等人。那年3月,大四的男排公开向全校发出挑战,首先应战的竟是巾帼不让须眉的清华女排。

3月24日,一场男排和女排的较量在清华体育馆里开始了,围观的人非常多。那时是9人制排球,排球队员分3排站立,位置不能轮转,球场稍大一些,球网比现在的要低。

最后,大四的男排以2:1的比分赢了女排,在比赛第三局里,女排还连得了6分,虽然男排有让球之嫌,但他们对张梦庄和她的扣球赞许不已,称赞她"击压之工不让男子"。

1931年,日本发动了侵略中国东北的九一八事变,到了1933年,日本开始蚕食华北,北平五大学体育会暂停了所有的锦标比赛。到了5月,日本迫使中国接受了打开华北门户的"塘沽协定"。在全国动荡的时局下,国内的大型体育比赛逐渐减少,而清华学生锻炼身体的热情却没有减退。

清华大学开始实施一些新的鼓励措施,来保持和提升学生的体育运动水平。从1933年底开始,学校把田径赛各项运动前四名的学生姓名和成绩制成表格,写在木牌上,悬挂在体育馆中门外两边的墙上,最新成绩出现后,再对这份成绩单进行末位淘汰,更换荣誉名单,学校的这一做法一直沿用到20世纪60年代。

清华田径运动前四名成绩表（截至1933年底）

项　目	姓　名	成　绩	年　度
100米	张善	11"3	民国二十年（1931）
	羡钟汾	12"	民国二十一年（1932）
	张善	12"1	民国十八年（1929）
	鄢裕坤	12"2	民国十四年（1925）
200米	鄢裕坤	23"8	民国十六年（1927）
	刘遵宪	24"2	民国十四年（1925）
	张善	24"6	民国二十年（1931）
	萧涤非	25"	民国十六年（1927）
400米	罗庆隆	54"	民国二十二年（1933）
	罗庆隆	56"3	民国二十一年（1932）
	刘遵宪	56"4	民国十四年（1925）
	罗庆隆	57"6	民国二十年（1931）
800米	罗庆隆	2'8"6	民国二十二年（1933）
	罗庆隆	2'13"4	民国二十一年（1932）
	张善	2'14"2	民国二十年（1931）
	刘莆祺	2'17"	民国十四年（1925）
1500米	谢志耘	4'27"5	民国二十一年（1932）
	万鸿开	4'47"2	民国二十二年（1933）
	谢志耘	4'55"1	民国二十年（1931）
	张民醒	4'56"3	民国十九年（1930）
3000米	谢志耘	10'9"3	民国二十一年（1932）
	谢志耘	10'55"	民国二十年（1931）
	梁学彬	11'2"5	民国二十二年（1933）
	钟一帆	11'24"4	民国十九年（1930）
5000米	刘莆祺	19'41"6	民国十四年（1925）
	梁学彬	19'48"	民国十九年（1930）
	罗文庆	19'55"4	民国十六年（1927）
	刁毓芳	21'16"	民国十五年（1926）

（续表）

项　目	姓　名	成　绩	年　度
低栏	雷从敏	29"6	民国十六年（1927）
	熊正伦	30"2	民国十四年（1925）
	赵以炳	30"3	民国十八年（1929）
	杨逢挺	31"	民国十七年（1928）
中栏	杨逢挺	68"	民国二十年（1931）
	何汝楫	68"8	民国二十二年（1933）
	何汝楫	71"	民国二十一年（1932）
高栏	羡钟汾	18"	民国二十一年（1931）
	刘遵宪	19"	民国十四年（1925）
	羡钟汾	19"	民国二十年（1931）
	羡钟汾	19"	民国二十二年（1933）
400米接力	1933级	49"8	
1600米接力	1927级	3'55"8	
	1925级	3'59"2	
	1931级	4'1"6	
	1930级	4'4"8	
12磅铁球	许振德	11.46米	民国十九年（1930）
	谢明旦	12.42米	民国十四年（1925）
	李谟炽	10.75米	民国十六年（1927）
	胡家梅	10.64米	民国十五年（1926）
16磅铁饼	张龄佳	34.79米	民国二十一年（1932）
	张龄佳	32.89米	民国二十二年（1933）
	雷兴翰	30.15米	民国十九年（1930）
	许振德	28.44米	民国二十年（1931）
标枪	彭永馨	43.41米	民国二十二年（1933）
	尤家驹	35.48米	民国十四年（1925）
	刁毓芳	35.30米	民国十五年（1926）
	尹商藩	34.70米	民国二十一年（1932）
跳高	张龄佳	1.67米	民国二十二年（1933）
	黄承宪	1.60米	民国二十一年（1932）
	黄承宪	1.56米	民国二十年（1931）
	张天寿	1.535米	民国十九年（1930）

（续表）

项　目	姓　名	成　绩	年　度
三级跳远	黄中孚	12.95 米	民国十九年（1930）
	刘遵宪	12.28 米	民国十四年（1925）
	陈之迈	11.98 米	民国十六年（1927）
	黄中孚	11.98 米	民国十八年（1929）
跳远	黄中孚	5.352/4 米	民国十九年（1930）
	张龄佳	6.27 米	民国二十二年（1933）
	汤佩松	6.04 米	民国十四年（1925）
	黄承宪	5.855 米	民国二十年（1931）
撑杆跳高	程伯京	3.10 米	民国十六年（1927）
	程伯京	3.07 米	民国十五年（1926）
	黄中孚	3.03 米	民国十九年（1930）
	程伯京	2.995 米	民国十四年（1925）

林家翘先生在 1933 年以第一名的成绩考入了清华物理系，他在学习上每一门功课都十分优秀，唯独身体素质不好，跑步总是落在后面。

马约翰鼓励他坚持锻炼，逐步增强体质，林家翘认真按照马约翰的指导，风雨无阻地锻炼身体，身体逐渐强健起来。马约翰十分欣慰，还在他的期末成绩单上打了一个"优"。

后来，林家翘不负马约翰所望，成为物理系二年级的篮球队队长，这位意志坚定、顽强奋进的学生后来成了国际公认的力学和应用数学的权威学者、当代应用数学派的领路人、美国国家科学院院士。

无论是向全校师生普及运动而想出的新奇活动，还是为了激励体育尖子生而公示出来的末位淘汰风云榜，清华这块体育沃土，孕育出了百花齐放的体育活动，这些百变的体育活动中永远不变的是马约翰所倡导的体育精神。他在 1934 年 11 月 5 日的总理纪念周上发言中说道:"对体育之观念,甚属重要。普通人多以为体育只是踢球赛跑,平常说教育救国,而体育不在内;这都不对。体育实在是教育最重要最有效的方法。"

百年巨匠 马约翰 Ma Yuehan
Century Masters

第十一章 曲折的奥运之路

第十一章 曲折的奥运之路

1934年7月5日，国民政府教育部体育委员会召开第十二次常务会议，决议参加1936年在德国柏林举行的第十一届奥运会，委托全国体协会负责办理报名及预选事宜。8月3日，全国体协会召开了临时董事会，推选本会的董事马约翰、袁敦礼和沈嗣良组成了计划委员会，开始选拔和训练运动员的工作。然而这届奥运会却并不简单。

柏林奥运会是纳粹一手炮制的一届奥运会，希特勒想借奥运会来为德国法西斯粉饰和平，这届奥运会违反了奥林匹克精神，不少国家都在联名抵制，而南京国民政府妄想德国能在中日关系上有所助益，就作出了派遣中国运动员参赛的决定，并提供一定的经费支持。

回望中国参加奥运会的历程，一直是波折不断。中国最初与奥运会结缘始于1895年，当时清政府收到了希腊王储和奥运会创始人皮埃尔·德·顾拜旦（Le baron Pierre De Coubertin）代表国际奥委会发来的正式信函，他们邀请中国参加1896年在雅典举行的第一届奥运会。当时的清政府不知"体育"为何物，没有给出答复。1904年以后，一些有识之士开始关注奥林匹克运动，部分中国报刊还报道了第三届奥运会的消息。

1907年10月24日，教育家、体育家张伯苓在第五届联合运动会的闭幕典礼上向国人发出了投身国际奥林匹克大家庭的先声。他向全世界表达了中国希望参加国际奥林匹克运动的美好愿望，成为中国历史上明确提出中国应参加奥运会的第一人。

张伯苓为了传播奥运会精神，推进亚洲各国的体育交流，于1913年与天津青年会体育干事葛瑞、菲律宾体育协会主席艾尔伍德·布朗（Elwood S. Brown）、日本青年会美籍干事克朗一起发起组织远东奥林匹克运动会，并采用了国际奥林匹克委员会的规范来指导工作。远东奥林匹克运动会是奥林匹克运动在亚洲的先驱，也是亚运会的前身。

不久之后，菲律宾基督教青年会的体育指导伍德·布朗带头组建了远东体育协会。1915年，国际奥委会致电远东运动会组委会，承认了远东体协，并邀请中国参加下一届奥运会，然而第一次世界大战爆发，中国的奥运会之行未能实现。

1932年的夏天，第十届奥运会在美国洛杉矶举行，国民政府一再宣布不会派代表出席，而日本却筹划派两名东北运动员代表伪满洲国参加奥运会。消息一传出，全国舆论一片哗然。

在没有政府支持的情况下，热心奥运事业的张伯苓等人没有放弃，他们决定由中华全国体协筹款，送东北大学学生刘长春去美国参加奥运会，东北大学校长张学良将军慷慨捐出了8000银元作为刘长春出国的费用。可惜由于时间仓促，刘长春在旅途劳顿的状态下发挥失常，在预赛时就被淘汰，没有取得成绩，但他却成为中国参加奥运会的第一人。

最初的远东运动会每两年举行一次，从1927年开始，改为三年一次，1930年起改为四年一次。日本一直想让傀儡政权伪满洲国合法化，还在试图让伪满洲国代表中国参加远东运动会，日方的这一行为再次遭到中方的强烈反对，远东运动会在1934年举办完第十届就宣告终止了，日本想让伪满洲国挤入国际体坛的企图一直没能得逞。

马约翰干了20多年的体育工作，从未忘记"东亚病夫"的耻辱。

中国选手刘长春（第四位）在第十届奥运会 200 米预赛中

国民政府对体育工作并不重视，只是将体育运动视为政治工具，推行体育也总会附带其他目的。

马约翰曾在《第九届远东运动会中华队之我见》一文中通过观察中国运动员的表现分析中国体育发展的问题所在，他在文中指出："一、由于国内战事频发，导致社会体育发展与选手训练不足；二、青年学生比赛过少，故此在赛场上因求胜心切而发挥失常；三、因缺乏专业教练与训练方法而导致选手的才能无法完全开发。"

马约翰在文章最后为中国的体育事业发展提出了建议："发挥全国运动协会作用，挖掘鼓励运动员；各个指导员要学习新技术和方法；运动员要选择自己合适的运动训练，不可贪多；运动员在比赛时保持始终奋斗的精神；政府要协助全国体育协运会，大力支持体育训练，引进体育方法和人才。"

马约翰不停地在各种比赛、教学实践中总结经验，他憋着一股劲，想要训练出一批运动健将，在奥运会上创造佳绩，给中国争一口气，也给体育行业争上一口气。

因远东奥林匹克运动会通常在 5 月份举行，国内一些重要的运动会就以此为依据进行赛事安排。3 月中旬，全国都要忙着开校际运动会。到了 4 月初，地区性运动会开始举行，5 个地区将选出 5 个代表队，他们将参加 4 月中旬举办的全国运动会，而全国运动会上的优秀运动员将会被选出来，组成一支奥林匹克代表队。

为了选拔最优秀的运动员参加第十一届柏林奥运会，中华全国体育协进会在 1934 年 12 月 5 日的常务董事会上，推举郝更生、马约翰、宋君复组成夏令训练营计划委员会，打算在 1935 年 8 月借青岛的山东大学举办体育夏令营，夏令营主要针对田径、游泳、篮球 3 项的运动员进行为期 40 天的集中训练。全国共保送来 100 多人，最终符合集训要求的有 56 人。

马约翰是田径和游泳队的选拔委员和召集人，也是足球队的选拔委员。直到 1935 年 10 月，上海举办完第六届全运会，所有运动员才大致确定，组成了各个代表队。

田径代表队有 16 人，分别是：傅金城、贾连仁、陈宝球、吴必显、王士林、黄英杰、刘长春、戴淑国、符保卢、程金冠、王正林、林绍洲、冷培根、郭洁、李森（女）、周长星（自费）。同时，还有替补队员 4 人，张家夔、司徒光、郝春德、王禾（他们最后均未赴德参赛）。

游泳代表队有 2 人：陈振兴、杨秀琼（女）。

此外，还有篮球代表队 14 人，足球代表队 22 人，举重代表队 3 人，国术代表队 6 人，拳击代表队 4 人，竞走代表队 4 人，游泳代表队 2 人，自行车代表队 1 人。

在进行奥运田径选拔赛之前，参加选拔赛的运动员在 1936 年 4 月 14 日到 15 日就来到了清华，参加一个月的集训，他们每隔两三天就要做一次测验。著名运动员刘长春、符保卢在集训名单中，清华大学的张龄佳、彭永馨也参加了训练。

在集训的这段时间里，马约翰想尽一切办法来提升运动员的成绩，给他们安排了高强度的训练，鼓励运动员咬牙苦练。最后，田径队在马约翰的用心指导下，训练成绩有显著提升，三个星期就打破了 9 项全国纪录、两项远东纪录。

清华较好的训练条件和生活条件让运动员们的体重都长了几磅，到了 4 月底的校庆时，学校还为他们安排了助兴表演。

运动员在清华的集训期满后，就集体转移到了上海，他们获得了一周的假期来休息调整，同时为出国做准备。然而放假期间，运动员们陆续被资本家拉去吃喝玩乐，一周假满后，运动员们的身体素质发生了很大变化，他们一个个又变得面黄肌瘦，萎靡不振，有的开始失眠，有的开始拉肚子。

马约翰看见他们没能保持住最佳状态，感到十分生气，他更为担忧的是这一批运动员到了奥运会赛场上如何能拼出好成绩来！

1936 年 6 月 26 日，中国体育代表团在上海市长和各社团代表 1000 多人的欢送下，登上意大利邮轮，离开了上海。中国代表团共 93 人（其中运动员 69 人），加上武术表演人员 11 人，还有一个由 36 人组成的欧洲体育考察团。代表团由王正廷任总领队，马约翰任总教练，开始奔赴国人期待已久的奥运会战场。

7 月 22 日上午 7 点，代表团换乘德国派出的专列，于第二天上午 9 点到达柏林，下榻在柏林奥运村。中国代表团经过了近一个月的水陆兼程，到达柏林后就已经水土不服、疲惫不堪了。有些队员吐得一

中国代表团参加柏林奥运会开幕式

塌糊涂，还有些队员体重掉了十几斤，状态极差。

8月1日，第十一届奥运会在柏林帝国体育场开幕，这届奥运会共有51个国家和近5000名运动员参赛。

中国代表团的69名运动员正式走向了奥运赛场，参加8个比赛项目。结果23位田径选手的成绩均低于原有水平，只有符保卢一个人通过了撑竿跳高的及格赛标准，成了这届奥运会上唯一有资格进入正式比赛的中国运动员。其他中国运动员都在及格赛中被淘汰了。

中国代表团在这次奥运会上虽然失利，但还有两个令人惊叹的亮点。第一个是中华武术第一次走出国门，在世界体育舞台上绽放光芒，中国的刀枪剑戟在奥运会上让欧洲人眼花缭乱，国术代表队随后被邀请去了德国的汉堡、法兰克福等城市表演，备受当地人民喜爱。第二个亮点是中国裁判员舒鸿在奥运会篮球决赛场上的表现，赢得了"心明眼快，裁判公正"的美誉，成为中国体育史上第一个为奥运会篮球决赛进行执法的中国裁判员。消息传到国内,各大报纸纷纷报道,上海《新闻报》刊登了《美加篮球决赛,由舒鸿裁判任职》《我国在国际裁判席上获得无上光荣》等文章。

马约翰对奥运会最终的结果十分无奈,他很快进行了理性反思和自我调整。参加完这届奥运会之后,他并没有立刻回国,而是不辞辛苦继续奔波在国外,去了14个欧美国家考察体育,吸收西方现代体育的先进经验。深知要让中国的体育真正地走出来,还需让世界的前沿理论和经验走进来。

多年以后,马约翰仍未放下这个未了的心愿,他希望有一天中国的运动员能在奥运会上拿金牌,还希望奥运会有朝一日能在中国举办。

百年巨匠
Century Masters
马约翰 Ma Yuehan

第十二章

最长情的告白

马约翰总是鼓励大家创造锻炼的机会："从这个教室到那个教室跑几步也是运动，晚上躺在床上可以做腹部运动，刮风下雨天想跳高跳远，可以在家摆个凳子跳，做徒手操。"

体育运动贯穿了马约翰的一生，他的体育教学思想也影响了无数学子的一生。1931年秋季，在新生报到的队伍里有一个身材矮小，戴着近视眼镜的男孩，他就是我国著名力学家、社会活动家、中科院院士钱伟长。

19岁的钱伟长在入学体检时遭遇了尴尬一幕，马约翰为他测量身高时，标尺的最低点是1.5米，而钱伟长当时身高只有1.49米。钱伟长自述："我小时候是营养不良，家庭非常困难的。尤其是农村长大的，结果他就讲了一句英文，'out of scale'，他是讲英文的，我也没听懂，后来我晓得这个意思，就是在标尺以外。"

钱伟长的身高不达标，体重过轻，篮球总是扔不进筐子，肺活量也不足，他在后来怀念马约翰老师的一篇文章里这样写道："还要顺跑道跑三圈，跑到两圈的时候已经上气不接下气了，马老师不断打气坚持，坚持！我总算跑完第三圈，就要躺在地板上了，马老师一把拉住，温和地说，不要紧，放松些，慢慢跑一会再停下来。以后可要注意锻炼啊。"

刚刚入校的钱伟长自知身体素质很差，他打算报名参加清华为身体欠佳的同学开设的"体弱班"体育课。

马约翰给体弱班学生上课

    马约翰知道这件事后就立马打电话给吴有训教授，他让吴教授帮忙劝说钱伟长不必上体弱班，应该重视锻炼，不要退缩，退缩救不了国，没有健康的体格，科学也是学不好的。被马约翰点名要求参加普通班体育课的钱伟长就此开启了一段提升体能的运动生活。

    大学二年级的一天，学校正在举行5000米的全校接力越野赛，钱伟长的班级正缺一个人，马约翰就把刚从图书馆出来的钱伟长拉过去凑数。钱伟长找同学换了一双胶鞋就匆匆上场了。

    没有受过专业训练的他当时强忍痛苦，拼命奔跑，最后竟然得了个"中游"的成绩，获得了个人第八名，还帮自己的团队获得了团体冠军。马约翰看好他这股子倔劲儿，就把他选入了大学的越野队。越野队每两天都要从清华到颐和园跑个来回，全程约有4000米，每两周还要去西直门跑个来回，全程约为8000米，每月一次乘车去天安门再跑回清华，全程约1.2万米。此后，钱伟长作为越野队的成员开始了更高强度的体育训练，风雨无阻。

1935年，钱伟长被选入清华大学越野队

不久后，钱伟长又被选入了田径队，在马约翰的指导下，他开始练习跨栏。跨栏并不是一项容易的运动，对技术要求很高，马约翰教过他一个训练方法，先在栏上放一块小砖头，他跳过去的时候要把砖头蹭掉，但栏不能动。他要做到这一点就必须把步伐压得很低才行，经过长期训练的钱伟长可以顺利把十个栏上的砖头全部蹭掉，完美完成任务。

在马约翰的专业指导和训练下，这个才入学两年的小个子学生竟在1933年全国大学生运动会的田径比赛上爆冷拿奖，他还以13秒4的成绩获得了100米栏的季军，而此时钱伟长的身高已经长到了1.65米。

钱伟长还加入清华足球队，速度快、脚法好的他担任着主力左前锋，他也逐渐成长为清华越野队的五虎将之一。1937年，他以国家足球队队员的身份参加了在菲律宾举行的远东奥林匹克运动会。

钱伟长从清华毕业后，还一直保持着对体育的热爱，他在《八十自述》这本书里写道："我对体育锻炼的习惯一直持续到40岁左右，而对体育的爱好则维持得更长，在60岁时参加教研组的万米赛还跑

1935 年，清华大学获北平五大学男子田径赛冠军

在前头。缅怀往事，在清华大学体育馆前的大操场上，不论冬夏，马约翰教授总是穿一套白衬衫灯笼裤打着黑领结，神采奕奕，严肃而慈祥地指导着各项活动，他声音宏亮向我们招唤着：'Boys for Victory！'这情景已隔半个多世纪，犹宛然如昨蕴藏在我心中。马约翰老师不仅使我得到身体健康和体育竞技的锻炼，更重要的是使我得到耐力、冲刺、夺取胜利的意志的锻炼。这对我一生在工作上能闯过不幸的困苦年代，能承受压力克服种种艰辛而不失争取胜利的信念和斗志，创造了有力的保证条件。"

钱三强是民国初年著名学者钱玄同先生的儿子，他在 1932 年考入清华大学物理系，爱好打乒乓球，是学校的乒乓球队队员。曹岳维为乒乓球队队长，其他队员还有王世真、徐舜寿、王务义、叶笃正、屠双、胡鹏飞、熊秉信等人。

当时学校的校刊还写道：钱三强攻球稳固而锐利，守球落点准确，王务义球出如炮弹，能在 0∶2 落后的形势下连胜三局反败为胜，徐舜寿被称为吾队小将，攻球猛烈，又善近挡……

叶笃正在 1935 年从南开中学考入了清华大学。他经常和钱三强一起打乒乓球，两人就这样慢慢熟络起来。叶笃正在清华接受了大量的体育训练，毕业工作后，他依然坚持每天走路上班，这位中国现代气象学的主要奠基人之一、中国大气物理学创始人到了晚年，每天还在以散步的方式进行适度锻炼。

1935年，钱伟长在清华大学参加400米栏比赛时的冲线时刻

1935级的彭桓武在年轻时身体不好，常受风湿性关节炎的困扰，还有消化功能不良、神经官能症等疾病，他经常无法正常上课，需要在家自学。他不到16岁就考入了清华大学物理系，在学校体育风气的熏陶下，他开始加强体育锻炼，身体也逐渐好了起来，后来的彭桓武成为国际著名的理论物理学家。

施嘉炀在1915年夏考入了清华，他在校学习的最后两年，马约翰亲自指导他跳高、跳远和高栏竞走，他后来成为学校田径队的运动员，还拿下了多个运动项目的全校第一。他到美国麻省理工学院学习工程学时，也被选为该校的田径运动员，回国后的他在清华任教，一直都保持着锻炼的习惯，有着强健的体魄。

我国第一位在美国哥伦比亚大学获得体育博士的张咏，从1918年到1926年在清华上学，在这8年的时光中，他积极投身体育活动，当了7年半的体育干事，担任了多个项目的校代表队队员。后来，他到国家体委教育司担任教育司体育学院科副科长，为体育教育事业继续贡献力量。

马约翰遇到体育运动比较吃力的女生，总会亲自为她们进行针对性的授课，比如曹禺先生的妻子郑秀女士。郑秀在1932年考入清华法律系，女儿万黛、万昭曾说："在马教授的严格要求和清华体育新风的影响下，纤弱而认真的妈妈经过课外加紧练习，终于勉强通过游泳考试，同时还学会了打网球，在运动场上留下了一张手执球拍、身着短衫短裤的照片。"

1936级学生王琇回忆道："我自幼生得矮小瘦弱……在体育课上跑不快，跳不高，球场上球也接不住，所以每学期的体育成绩只有六七十分。但是进到清华园，受到清华精神的熏陶，自强不息的训示，开阔了我的心胸……体育教授马约翰先生是一位体育家，他认为学生体育的表现不能只看他跑得多快，跳得多高，更重要的是'体育精神'。因为我每次在体育课上无论任何运动我都尽力去做，所以我体育成绩竟得到80多分了。"

后来担任北京大学校长的周培源在清华上学时曾拿下过三个中距离跑步的全校冠军。1920级的孟继懋曾参加两届远东运动会，他在校期间参加了排球队、棒球队、田径队，后来成为我国的一名骨科先驱。1918级的学生关颂韬在校时参加了足、篮、排、棒、网、田径6个体育队，是第三届远东运动会代表运动员，后来成为我国神经外科的先驱。

1936级学生的唐宝心回忆道："1932年秋，第一次上体育课，马约翰先生让我们在体育馆悬空的小跑道上跑了20圈，又缓步走了几圈，然后给我们讲了一席话。事隔50年，这些话记忆犹新，50年来我是一直照他的话去做的。马先生说：'要有健康的身体，应养成良好的生活习惯，睡觉要侧卧，不要压住心脏。要早早起床，按时休息。大便要定时；最好清早起床后大便。要多吃萝卜，可以代替水果等等。'"

白色衬衫，黑色领结，白色或灰色短裤或是灯笼裤，一双皮鞋和半腿袜,马约翰的这身装束代言着健康阳光,代表着昂扬向上,他永远充满活力,亲切和蔼,他在清华迎来一波又一波新生,见证了一代又一代优秀学子的成长,也欣慰地送走了一批又一批毕业生。

1937年4月,他真挚地写下了一封信,信中所言便是他对教育事业最长情的告白。

致八级毕业生的一封信

亲爱的同学们:

我衷心祝贺你们以巨大的学业成就从本大学毕业,并祝贺你们开始进入另一所大学——生活的大学。在那里,要想取得成功,就要看你们如何凭靠自己的品格去为生活而奋争。因此,我可以提供给你们几条有效的原则,它们或许在这种奋争中对你们有所裨益:

1. 坚持每天锻炼的习惯,以维护你们的健康。因为无论是谁,如果没有健康,就没有一切。

2. 要有独立性。要对任何所做的每一件小事负责;要在每一项成就中,表现出你们的独创精神。

3. 成功是长期奋斗的结果。因此要牢记我们母校校歌中的一句箴言:"奋斗到底,永不停息!"

你们真正的朋友

马约翰

1937年4月30日

百年巨匠 马约翰 Ma Yuehan Century Masters

第十三章 教育长征

1937年7月7日，日本挑起"卢沟桥事变"，抗日战争全面爆发，7月29日北平陷落，就在这天，日军率先炮轰了抗日爱国情绪极高的南开大学，南开成为抗战爆发后我国第一所罹难的高等学府。紧接着，北京大学和清华大学也相继遭到炮火袭击。不久之后，国立北京大学、国立清华大学、私立南开大学奉国民政府教育部秘谕合迁湖南，共同组成了"国立长沙临时大学"（简称临大）。

11月1日，临大在长沙正式开学。为适应战时需要，临大将三校的院系进行了合并调整，设文、理、工、法商4个学院，共17个系。然而战局继续恶化，上海、南京相继沦陷，武汉告急，日军空袭长沙的频率不断增加。

临大的师生们对日寇的侵袭怒不可遏，他们在操场上举行了抗日誓师大会，许多青年学生们纷纷要求投笔从戎，抗击日寇。马约翰也登上了讲台，表达对日军侵略中国的愤慨，鼓励同学们为救国强国而努力。

抗战引发了一波又一波"难民潮"，这些"难民"中许多都是大中学校的师生或知识分子，当时的高级知识分子90%选择了西迁。

1938年1月20日，国立长沙临时大学常委会决议迁往昆明，2月，战火逼近长沙，临大的师生们兵分三路入滇，开始了浩浩荡荡的西迁之行。

他们一路人沿着粤汉铁路到广州，经香港乘船抵越南海防，再由滇越铁路到达昆明，一路人乘车沿着湘桂公路经过桂林、柳州、南宁、过镇南关抵达越南河内，再由滇越铁路到蒙自、昆明。一路人组成了"湘黔滇旅行团"，徒步横跨湘黔滇三省。临大师生历时68天，行程1671公里，最终到达了昆明，这段可歌可泣的高校西迁史被誉为"教育史上的长征"。

马约翰完成了向云南转送长沙临时大学教职员家属和全体女生的任务后，就去了香港与家人团聚，随后，他带着妻子和几个子女乘海轮经琼州海峡，过北部湾，取道海防、河内，最后转滇越铁路到达昆明。

4月2日，国立长沙临时大学正式更名为"国立西南联合大学"，西南联大是当时国内规模最大的高等学校，学校不设校长，由清华、北大和南开三所学校的校长与联大秘书主任杨振声组成常务委员会领导学校，常委梅贻琦主持校务。

5月4日，西南联大开始在昆明上课，学校最初设立了文、法、理、工四个学院，在8月增设了师范学院，共26个学系，两个专修科和一个先修班。11月30日，学校在第95次常委会上提炼出全校师生刚强、果敢、坚韧不拔，卓然不群的精神，确立了"刚毅坚卓"的校训，这四字校训也代表了联大人的气节风骨。

马约翰在香港时认识了一位还未读完高中的女学生郝诒纯，她从天津准备流亡去武汉，途经香港时，正好在船上遇到了马约翰的夫人和几位子女，马夫人对他们这些四等舱里的流亡学生十分关照。郝诒纯到香港后，香港也频频遭到日军的狂轰滥炸，粤汉交通被切断，她和两位同行的同学既找不到广州的关系，又无法与武汉取得联系，被迫滞留在了香港。

马约翰几次到她们的住处，给她们分析战局，说明留在香港的危

国立西南联合大学校门

险性。在马约翰的劝说和帮助下,郝诒纯转道去了昆明。马约翰鼓励她报考西南联大,但她不敢奢望能考上西南联大,在升学问题上一直犹豫不决。在马约翰和几位学长的帮助下,她大胆报考了西南联大里对高中数理要求较低的文学院。最后,这个漂泊无依的学生幸运地考上了西南联大,加入了这个刚毅坚卓的大家庭。

郝诒纯在西南联大上学期间,马约翰先生担任女生篮球、排球校队的主教练,郝诒纯当时也是女排的校队队员。她把马约翰教授的教导"运动员要有大将风度,胜不骄,败不馁,才能进步"一直当作自己的座右铭。

郝诒纯原来学的是历史,她在一次课外活动中,跟随高年级同学多次访问了袁复礼教授,她很快就被袁复礼这位地质学家的奋斗精神和传奇经历所吸引。在袁先生的影响下,郝诒纯读完了大一就马上转入了地质地理气象学系。她在1943年毕业后又考取了清华大学地质地理气象学系的研究生。郝诒纯后来成为中国地质学与古生物学家,于1980年被选为中科院院士。

　　当时在西南联大里，像郝诒纯这一类的学生不在少数，他们大多来自沦陷区，到校后人地两生，互不相识。西南联大成立后不久，一些联络同学感情、增进友谊的社团组织逐渐建立起来，学校的学术交流和文化体育活动也多了起来。到了1938年秋，西南联大共有学生近2000人，新生约占一半。

　　1938年9月，昆明发布了第一次空袭警报，在随后的日子里，敌机频繁出动，常常过来骚扰并投放炸弹。联大常委会讨论决定将文法两学院和师范学院的一部（文科）迁移到晋宁盘龙寺，并立即在盘龙寺一带筹建全部校舍，以备其他各学院陆续迁往。不久之后，迁校情况又有了变化，昆明当地的一些中等学校和中等专业学校先后疏散到了外县，正好空出了不少校舍，联大就借用这些临时住地暂时解决了校舍问题。

　　随后，学校与云南省教育厅商谈，借来了昆华工业学校的校舍作为文法学院的教室和宿舍，把大西门内文林街昆华中学的南院作为师范学院的教室，北院作为师范学院新生及其他各系高年级学生的宿舍。昆华师范的中院、西北院作为学生和教职员的宿舍。理学院的教室、实验室及学校各行政部门办公室设在昆华农业学校，各系一年级的学生在这里上课。工学院的教室、宿舍、办公室设在拓东路迤西会馆、江西会馆和盐行仓库等地方。

　　不久，校舍委员会根据教学需要以及现有的经费开始在昆明城外西北部三分寺修建新校舍，新校舍占地120余亩，在1939年4月竣工，到了下半年，新校舍正式交付使用。

　　西南联大继承了清华大学和南开大学重视体育的传统，在极其艰苦的条件下，学校仍坚持从一年级到四年级的每学期都开设体育课，每周两次，仍规定体育是必修课，不及格不允许毕业。清华大学和南开大学都是体育强校，考虑到北大的学生体质情况以及当时物资匮乏的生活条件，西南联大适当降低了体育考核标准。体育课不计学分，不及格的学生同样必须重修，但只要学生不缺课，考试一般都能及格。如果缺课，就一定要另行补上（女生每个月可以请假两次）。因此，有时在学校里会看到一天上两三次体育课的同学，有的同学修满了毕业学分，开始在外工作了，每周还要回学校补上几次体育课，他们还得修满体育学分才能拿到毕业证书。

学校的体育卫生组最开始属于训导处，马约翰兼主任。到了1940年，学校撤销了体育卫生组，将卫生组改为校医室，归总务处管理，体育组改为体育部，直属常委会，由马约翰担任体育部主任。

西南联大校舍分散，体育课的上课地点也只能分设在各处。住在联大新校舍里的同学在北院上课，女生在南院上课，师范学院的体育课设在原昆华工校操场，工学院设在拓东路一块不大的操场上。各校区的场地布置大致一样，都有一副简易篮球架，一块空旷的田径场，一间简陋的房屋，房屋用来供教师休息、教研和堆放器材。这些教学场地虽然分散，但马约翰的体育教学内容和教学方法是一致的。

每节体育课的开始都有跑步训练，跑步之后再安排学生做4—6节的徒手操，一类徒手操是上下肢配合和不同节奏的全身活动，另一类徒手操是腰腹活动，也叫卫生操，这些操会每周更换一套。体育课规定的教育内容还有翻腾、跨越等障碍训练，这种障碍训练起源于瑞典等国，有利于培养学生的平衡协调能力和灵活性。

马约翰在学校里提倡搞中国的军事体育，他认为不是什么都是外国的好，中国也有自己的好东西。中国的军事体育有许多好项目，比如跨三联木栏、跳梅花桩、过独木桥、跳战沟、匍匐爬行、翻木墙、练木枪等。

很快,学校在几处体育活动场地都建起了木板墙、三联栏架等简单设施,立起了高10厘米、直径20厘米的梅花桩。学校还开设了棒球、垒球等球类教学,开展棒球训练和比赛,在一定程度上推动了昆明的棒球和垒球运动的发展。

当时的学生们常常连饭也吃不饱,他们上体育课时穿的衣鞋也总是破烂不堪,有人甚至用麻绳捆着掉了底的皮鞋来上体育课。马约翰对学生们进行了运动强度的调整,但仍保持着一定标准的教学要求。西南联大的学生张世富在《北京奥运会前忆马约翰教授》一文中回忆起马约翰当时的教学要求:"马老说,联大不是培养运动员的地方,但要有运动的常识和掌握基本运动的技能。马老坚持联大同学要学会基本的体能训练,学会几种运动技能,了解一些体育运动知识,学会组织与管理体育运动活动。联大体育教学目的很明确,即学生应有健康的身体,学会一两种运动技能,锻炼身体和培养良好运动习惯,也应该会组织群众体育活动。"

当时西南联大的运动场地大多是外借来的,因此体育课的内容只能依照场地的实际情况进行调整,借到篮球场就上篮球课,借到棒球场就上棒球课。张世富还清楚地记得他在联大读书期间,除了有篮球、排球和足球运动之外,还练习打手球和垒球,田径方面除了短跑以外,还上过跳高、跳远、掷铅球、铁饼、标枪的课。

在马约翰的带动下,全体教师每学期都要针对教学计划进行集中讨论,每周都要进行集体备课。每位体育教师的徒手操动作必须绝对正确,各种腾越障碍的技术必须优美地示范给学生,在体育的准备活动和徒手操训练过程中,老师必须和学生一起做。凡是要求学生做到的,教师必须要先做到,且做好。

西南联大的体育教师不多，马约翰主要教授全校女生的体育课，联大学生游凌霄曾在《榜样的力量》一文中写道："忆起马约翰老师，我好像回到了40年前昆明的清晨。马老师一大早从大西门外走到南院（当时的女生宿舍）来，跨进两道天井，吹上长长的几声哨子，把我们喊醒，匆忙梳洗后（也有人梳而不洗）跑向操场去上体育课。马老师见有人好像还不曾完全睡醒的样子便要我们先操练几圈，直到他'Hop! Hop! Hop, two, three, Four, Hop!'的口令声强有力地冲破严冬的寒气并且唤醒了我们，他的眼角才呈现出笑纹。"

王兆钰曾是清华体育代表队的成员，他在《马约翰二三事》一文中生动地描写了马老师不畏严寒的状态："马约翰老师在冬季从来不穿毛或棉衣裤。每天下午四时以后，同学们在大操场跑圈，他总是站在一旁观看，穿得很少，上衣是一件粗纺西装，内穿白衬衣，扎领花（如遇到非常冷的天气，他再穿一件毛背心），下衣是过膝短西裤，长筒白线袜，单黄皮鞋非常精神，同学们非常佩服。但也有美中不足的是，马约翰老师的耳朵怕冻，如遇太冷天，他的双耳总是套着一副兔毛耳罩御寒，与他穿的单薄衣服相比显得反差很大，又让人发笑。"

有一次，几个女生看着马约翰在北风刺骨的时节也只穿一件白衬衫，热烈谈论起这位年近六十的体育老师，她们都很好奇，马老到底有没有厚毛衣垫在衬衫里。

为了探索这件衬衫底下的"秘密"，几个学生寻到一个难得的时机，悄悄掀开了马老衬衫的一角！

"没有，真的没有！"一个女生吃惊地叫嚷起来。

"啊！是真的！"几个同学也跟着嚷起来。

马约翰笑着问："没有什么呀？"

"没有毛衣垫在白衬衫里面。马老师，您真了不起！"

"哈！"马约翰爽朗地笑出声来。

西南联大1943级航空系学生沈元寿在《马约翰老师和联大体育》一文中回忆他极为敬重的马老师：

"联大历史先后八年，只有一位老师教过所有的男女学生，他就是体育部主任马约翰师。马师两眼炯炯有光，白发微秃，健壮身材，常穿一套灰色灯笼裤西装，见人未语先笑，非常和蔼。

"……虽然联大体育部有很多副教授、讲师、助教，但马师总要时常在各班体育课上亲自指导。尤其在一年级的体育课上，每学期要亲自教导四五次。在其他年级，每学期至少一次。所以说，在联大上过学的人，一定是马师的学生。

"一堂体育课是50分钟。先做十分钟Warm-up，然后打球约30分钟，最后做Cooling down。有时在Cooling down以前，马师讲四五分钟健康生活方式，如每天做健身操10分钟，睡觉的时间和姿势等。那时生活艰苦，吃饭营养不足，如工学院同学有四五百人，每餐只有五六斤肉。但是在马师领导下，运动风气一直非常好。"

联大一年级的体育课由牟作云和马启伟来教授，二年级由侯洛荀、邵子博授课，三年级和四年级由王英杰、王厚熙等人分别授课，工学院的体育课先后由夏翔、黄中孚和王英杰担任教师，另外还有王维屏、陈海涛、萧保源等人。实际上，学校每年在校名册上的体育教师不超过10位，每位体育教师的任务

马约翰与夏翔（右）、王英杰（左）的合影

牟作云与马佩伦的婚礼现场

一直都十分繁重。

教一年级学生体育课的牟作云是国家篮球队的队员,他在23岁时就作为中国第一支奥运代表队的成员去参加在德国柏林举行的第十一届奥运会。他后来有了另一个身份,便是马约翰的女婿,他的妻子正是马约翰的女儿马佩伦。

牟作云在1934年考入北京师范大学体育系后,听过马约翰讲述体育价值与作用的报告。他对马约翰当时说的话印象深刻:你们是学习体育专业的学生,毕业后要肩负教育青年学生的重任,因此首先要把学生身体锻炼好。学生要学习好,身体也要健康。身体健康学习才有保证。

这位牢记马约翰教诲、在体育事业上不断突破的年轻人,积极投身到体育教育工作中,影响了无数学生,后来成为中国篮球运动的开创者和奠基人。

教授一年级学生体育课的另一位老师马启伟是马约翰的儿子,他从小就在父亲的培养下参加各种运动项目，他最初考上了西南联大的生物系，后来转到了心理系。他在 1943 年毕业后就留在西南联大与父亲并肩作战，为联大的体育教学贡献力量。

马约翰曾教导学生："体育课及格了并不等于身体可以了……在学校里，女同学与男同学一样勤奋读书，一样有不平凡的抱负，但走出校门不久，一些人体质就衰弱了，甚至有人做了母亲没几年就萎靡不振，这怎能没有强健的体魄来承受斗争的风雨呢？要'Cleanly! Healthily! And Brightly!'（他是用英语讲课的！）要保持高尚的节操，要坚定、勇敢，以火的激情面对严峻的现实，生命才有意义。"

马约翰指导女学生训练

西南联大的体育考试项目包含 800—1500 米，跳高、跳远或立定跳远，投手榴弹、垒球或自制沙袋，每一项考试都有一定的测试要求。考虑到战争时期学生的营养条件较差，生活水平大幅度下降，学校的测试标准也进行了相应的下调。

著名翻译家许渊冲是西南联大 1943 级的学生，他和后来闻名世界的近代数理逻辑学家王浩在同一个小组上体育课。他在考试跑 800 米的时候，有人在考试前向他分享过考试经验，提醒说前 400 米不要跑第一名，跑第一的人怕被后面的人追上，所以心情会格外紧张，从而影响发挥。最好跑第二名，等第一名跑不动了，再超过他。

当时西南联大借用了昆华中学北院的操场作为 800 米的测试场地，许渊冲根据事先筹谋好的策略来跑。在测试过程中，王浩同学一马当先地冲在前面，许渊冲淡定地紧跟其后。到了最后四百米的时候，许渊冲加速超过了王浩，结果没过多久王浩也加速反超了他，在你追我赶之下，还是王浩拿了第一。小算盘没打好的许渊冲不免感叹道："可见决定胜负的因素是实力，只有在实力相同时，方法才能够起作用。"后来的许渊冲一直坚持体育锻炼，年老时的他依然声如洪钟，健硕如松。

体育课在严格有序的教学工作中稳定开展，丰富有趣的体育运动比赛也在合适的条件下自由生长着。1940年以前，五院各有篮球队和排球队，双方常常进行比赛，体育部每年都要举办各种球类的院际比赛，足球比赛在1939年办过一次，从1939年到1940年，垒球、篮球和排球举行过两学年的比赛。学校在1939年春季成立了一个"联大越野赛跑队"，这个队没有对外比赛过，只是从1939年起每年举行一次全校越野赛跑，从新校舍大门跑到小东门，再跑回来。全校越野赛跑总共举办过三次。联大越野赛跑队第一次开会时，马约翰在会上分享了一些自己的故事和经验，提到自己当年在圣约翰大学时就是越野代表队队员，以此鼓励大家。

工学院的同学好动，不论有课无课，他们白天的球场从没有空置过，工学院有五个系，各系之间每年都有许多比赛，系内的几个年级之间也有比赛。比赛项目主要是篮球和排球，足球比赛只在附近拓东体育场举行过一次。工学院助教还组建了一支名叫"助兴"的篮球队，实力较好，常和学生打比赛。

联大举办过两次全校田径运动会，1940年那次在南院举办，1941年改在新校舍举办。当时学校的体育器材只有最基本的球类，打垒球时，只有捕手有手套，其他人只能空手接球。踢足球时，大部分人都只是穿着普通软底鞋，打篮球时，还常常有人光着脚跑来跑去。

在马约翰的推动下，学校的课外体育活动也逐渐活跃起来。当时的教学条件和生活条件都十分有限，学校的体育设备很少，课外体育活动也只是一些爱好体育的人在积极参加，他们成立体育协会，组织各种球队进行友谊比赛。工学院最早成立了"铁马体育会"，后来各学院陆续成立了"金刚体育会""悠悠体育会""喷火体育会"等26个学生自发组织的民主自治团体，每一个社团都请来了老师进行指导。当时影响最大的是铁马体育会，马约翰正是这个团体的指导老师。

"铁马体育会"最初是一支名为"牛马狗鸡"的足球队，这支足球队在校内的公开赛中夺冠之后，就想成立一个体育会。"牛马狗鸡"的名号实在难登大雅之堂，当时正好有一部美国西部的打斗片在昆明上演，名叫《铁马》，片中的打斗场面紧张而刺激，引发了学校里的一股"铁马"旋风。

1940年10月2日，"铁马体育会"在工学院里正式成立。学校本部和文、法、理、师范等学院在昆明西北部的新校舍，工学院在东南角拓东路，与新校舍正好隔着一座城，相隔四五公里，"铁马体育会"只吸收工学院的同学，是一个综合性的文体团体，除了组织足球、篮球、排球、垒球类活动，还在寒假举办过四次较为大型的旅游团，在暑假举办过五次"明湖""阳宗海"夏令营，每次活动都有几十人参加。"铁马"还在校内开展文娱联欢会等活动，这些活动常常邀请非会员的人参加。铁马体育会的经费多半来自毕业会员的赞助，这个组织虽然不是政治团体，但会员大多关心时事，富有正义感，几任会长也都很关心集体、顾全大局。

"铁马"是工学院的篮球王者，工学院的一些排球运动好手也成立了一个体育会，当时英国皇家空军的"喷火"战斗机（Spitfire）威风

马约翰与铁马篮球队合影

八面，他们为了可以和"铁马"抗衡，就取名"喷火体育会"。

"悠悠体育会"于1944年1月在新校舍成立，他们举办了五四营火晚会，还在一年后举办了路南旅行团，吸引了闻一多、曾昭抡等人加入，这一年的5月4日，他们在晚上举行了火炬竞走和电影晚会。

学校的课外体育活动蓬勃发展，马约翰也时刻不忘把体育活动拓展到校外，想通过各种运动比赛增强青少年对体育的兴趣。他在1939年组建了西南联大、云南大学、同济大学、空军军官学校四大学体育联合会。四大学体育联合会成立后，昆明的运动风气有所改善，普通民众对体育的认识逐渐增多，兴趣逐渐提高。

1939年9月，西南联大的清华师生举行了一场公祝会，庆祝马约翰在校服务25周年。梅贻琦校长代表全体师生把一只"Elgin（伊尔）"牌"保用50年不坏"的金表送给了马约翰作为礼物，希望他在学校的工作"如表之恒，如日月之升"。

马约翰在会上的答辞中感谢了学校和所有同事，他感动地说："很显然，你们都想知道我何以能在学校服务如此长的时间。

"Elgin（伊尔）"牌金表

那其实正是由于我忠实地遵循了这样的体育原则：'Fight to the finish, and never give in!'（奋斗到底，决不放弃！）而我的成就又很大程度上依仗我所有同事们的善意协助。在过去校长的更迭中，我曾遇到过许多困难和失望，而别的单位也曾以更大更优越的代价诱惑过我，但我引以为荣的是，我没有丧失我的原则。这个礼物是一块坚实而持久的表，我要像一个警卫员那样继续忠实地为我校服务，直到我生命的最后一息。"

马约翰的这番答辞，原文为英文，他巧妙地在发言中使用了表（watch）和警卫员（watchman）这两个同根不同义的英文单词，从"表"联想到了"守护"，一语双关地表达出他的幸福感和使命责任。

百年巨匠
马约翰 Ma Yuehan

第十四章 家庭体育教师

战乱时期，全国经济开始吃紧，昆明人口激增，周围的农产品也并不富裕，当地物资奇缺，物价飞涨，货币迅速贬值。自1939年起，昆明物价开始直线上升，随后就以几何式的趋势迅速猛增。1941年1月，西南联大发报回复国民政府教育部，汇报了上一年11月、12月的昆明米价为平均每石(120市斤)80元，米价在1937年时还是8元，短短三年间就涨到原来的10倍。到了1942年至1943年间，昆明的物价较抗战以来，涨了300倍。1943年后，联大教授的每月薪水已从战前的300多元降到了实际价值相当于战前的8元3角，只能勉强维持全家半个月的最低生活。

马约翰住在昆明风翥街南边靠潘家湾的一座小院，家里孩子多，他们把北京带来的东西都卖光了，生活也依然拮据。家里日常的口粮是洗不清沙石的红米，每天的佐餐是咸咸的黑色大头菜炒大黄豆芽，就算是这样的饭菜，也有断缺的时候。家里的日子过得紧巴巴，马约翰的裤子常常打着补丁，但他每天都是乐呵呵的样子，从不愁眉苦脸。

有一次，马约翰回到家中，妻子正为没钱买菜发愁，家里连大头菜炒黄豆芽也没有了，一时不知道拿什么来下饭。

马约翰立即宽慰她说："别急，别急，我有办法。"

马约翰说完就出门了，他在外面转了好几圈，也没想出办法来。他回了家，兴致勃勃地对妻子说："吃白饭也不错，挺甜的！"

在马约翰心里，只要让他干体育，饿肚子也行！当时，国民党政府在四川成立了一所体育专科学校，马约翰在体育界声望颇高，他们就想用高薪把马约翰聘去任教，四川的物价相对较低，生活压力也会小很多。

教育部长陈立夫亲自写信请他，马约翰也拒绝了，他说，我一不贪官二不贪财，只想做些实际的体育工作，培养一些青年。他还在回信上画了一个绳套，旁边写了6个字"马约翰不上钩！"马约翰态度鲜明地表示，他不能为了优厚的物质生活，丢下同甘共苦的同事，丢下最亲最爱的学生们。

云南地处中国偏远的西南地区，当时的经济、文化不发达，教育和体育也比较落后，马约翰经常到当地的学校、机关讲课，但从来不收一分钱，他一直在用千金不换的赤诚之心推动着云南的体育教育发展。

马约翰共有四儿四女，他可以专注在教育事业上，也是因为家里有一个操持家务、勤劳贤惠的好太太。

马约翰与妻子戴娉恩相识于他就读圣约翰大学的时候，戴娉恩在隔壁的上海圣玛利亚女校上学，她是一位不轻易说话的温柔女士，总是笑眯眯的样子，她肤色较深，在学校的时候还被大家称为"黑牡丹"。戴娉恩弹得一手好钢琴，她常与马约翰合奏，两人也在浪漫音符的萦绕中，越走越近。

马约翰与戴娉恩在学生时代相识、相知、相爱，他毕业不久后就入职了清华，去了北京，与戴娉恩分隔两地，但他对戴娉恩的思念和牵挂只增不减。

1915年7月17日，32岁的马约翰回到离开一年的上海，和戴娉恩幸福地走进了婚姻的殿堂。上海自立学校礼堂中响起了欢快的婚

马约翰和妻子戴娉恩

礼进行曲，在中华圣公会会长戴为的主持下，马约翰与戴娉恩女士许下一生的誓言，相爱相伴，携手到老。

戴娉恩一直引以为荣地说自己有"四对儿女"。长子马启华，大女儿马懿伦，次子马启伟，老四是二女儿马佩伦，老五是三女儿马懋伦，老六是三子马启勋，老七是小女儿马谙伦，老小是四子马启平，兄弟姐妹8人让这个大家庭更为热闹和温馨。

小女儿马谙伦曾回忆，马懿伦、马启华、马启伟、马佩伦四个大哥哥大姐姐自成一组，他们看不上四个年纪小不懂事的弟弟妹妹，总想甩掉他们自己去玩，小孩组常常奋起直追，他们在清华园的各个角落乱跑乱撞，当时清华的同学们形容他们为"马队"。

有一次，哥哥姐姐们跑进了学校图书馆，小孩组就跟着要闯进去，结果被管理员截下来训诫了一番。后来带头进图书馆的哥哥姐姐们被父亲打了手掌，他们吃了教训，也长了记性。

马约翰喜欢摄影，他常为八个孩子照相，然后在他开辟出来的暗

马约翰的八个子女

室里冲洗底片或上色。而这个冲洗照片暗室有时候也会变成孩子们闯祸之后闭门思过的小黑屋。

马约翰和妻子戴娉恩都是心地善良、乐于助人的基督教徒，他们非常喜欢音乐，马约翰是男高音，戴娉恩是女中音，戴娉恩弹琴时，马约翰便随之高歌。父母的音乐爱好感染了孩子们，大姐马懿伦和妹妹马谙伦的钢琴都十分出众，马佩伦和马启伟在昆明时还是和唱团的成员，马氏全家都有很高的音乐素养。

小女儿马谙伦7岁就开始学钢琴，马约翰是她的启蒙老师，马谙伦第一次在十字布上绣花，也是父亲帮助起针的。

每天晚上，四个年幼的孩子上床睡觉时，马约翰都会在床边轻轻弹奏他擅长的曼陀铃，让音乐陪伴孩子们进入梦乡。在孙儿马迅的记忆里，马约翰经常用曼陀铃为他们演奏他创作的乐曲《生命圆舞曲》，萦绕在他们身边的除了动人的旋律之外，还有暖暖的幸福。

慈爱的马约翰同样也是一位严父，马佩伦说过："小时候，我们

马约翰弹奏曼陀铃　　　　　　马约翰与孙儿孙女

兄弟姐妹上学时，父亲要求很严，每天都要检查我们的作业，掌握学习情况。"

在马启伟的记忆里，父亲是一个虔诚的基督教徒，教育子女主要以引导为主。马启伟小时候很顽皮，他常和许多孩子一起在围墙上跑来跑去，后来有人给马约翰打了小报告。结果马约翰并没有严厉责骂，而是先称赞他"很勇敢"，再认真给他解释，指出在高墙上奔跑是很危险的事，告诉他以后最好不要这样做。

马启伟上中学时，还有一件"精彩"的往事。一天，马启伟正好发现一辆停在银行外的车没锁，这辆车的主人是马约翰的朋友，是一位银行经理。刚学会开车的马启伟，做梦都想找车练手，眼前正是一个大好机会。

马启伟蹑手蹑脚地爬上了车，一溜烟就把车开跑了，结果对面忽然过来一辆车，马启伟顿时手忙脚乱地打了一下方向盘，车就径直撞上了一棵大树，停了下来。

马启伟当时吓坏了，以为回家肯定挨打。结果马约翰把他叫到身边，先肯定了他积极学习的态度，再认真说道："用别人的东西必须要征得人家的同意才行，没有征求主人的意见而偷开其车，至少缺少对人家的尊重，是缺乏修养的行为。"

马约翰对孩子们有品行和修养上的教育，也有爱国层面的教育，他经常带着孩子去火烧后的圆明园回顾历史，让他们站在民族的"耻辱柱"下，进一步去了解八国联军侵华时杀人放火的行径和劫掠国宝文物的罪行。

马约翰还告诉孩子们，他所供职的清华学校是依托中国战败后支付的一笔庚子赔款建立起来的。政府腐败，国家落后，就会备受欺凌，国民体质羸弱也影响着一个国家的国力，因此"要强国必须强民，强民必须身体健康！"

马约翰对家人有一套特殊的体育教学，提倡"小孩子应多在外面玩，别老关在家里"。每隔一段时间，他就会带着全家沿着清华东侧的火车道步行近20公里进城。周末的时候，他们一家还会骑车到郊外的香山露营，让孩子们感受大自然的魅力，健康成长。

长女马懿伦有较好的运动天赋，是享誉华北的游泳运动员，曾代表华北参加全国运动会，还拿过华北运动会的游泳冠军。

马佩伦小时候学游泳，一开始还不敢下水，父亲马约翰就一把将她推进了泳池。等她掉进水里后，发现水里并不可怕，很快就学会了游泳。

二女儿马佩伦的两个哥哥马启华和马启伟在一年冬天去溜冰，结果由于冰薄，两人双双掉进冰窟窿。幸运的是，他们被人及时救了起来。马约翰当时没有立即送他们去医院，而是带他们到体育馆，让他们打拳击，出汗驱寒。

马约翰的四个儿子都在崇德中学念书，孩子们平时都住在学堂里，只有星期天才能回家。马约翰有时会来崇德中学看望儿子，有一次，他和马启伟父子相聚时，两人在崇德篮球场见一群学生在练习双杠，学生们要练习双杠杠端长振上动作，但是没有一个人会做，马约翰就开始了一次跨校授课，给学生们讲解动作，还让马启伟作示范，帮学生们学会了这个动作。

马启伟受父亲影响，一直是个体育爱好者，他上小学时，得过北京市小学生百米赛跑的冠军。他在中学参加校足球队，还拿过市中学生联赛的冠军。抗战时期，他就读于西南联大的心理学系，在学校时就特别喜欢打网球，曾连续三年获得由国内和国外选手参加的网球公开赛的冠军。

马约翰一家在昆明的生活十分清苦，家里的子女却极为自立和坚毅，马佩伦回忆说："我和哥哥启伟都是勤工俭学，半工半读上大学的，也从未向国家、学校提过困难。因为父亲教育我们要自立，不要为还是很贫穷、尚处于危难的国家增加负担。"

最小的女儿马谐伦本是娇生惯养的小姐，在抗战时期的艰难岁月中，她也坚强地扛起了家中的重担，清洗和修补全家的衣物，每天准备全家人的三餐。在通货膨胀的现实条件下，她每个月都要为家里的开支精打细算，把每一分钱都用在"刀刃上"。

马约翰在家里立过一个规矩，天黑之后就不准女儿外出了。在昆明时，小伙钱明年正在追求马谐伦，他邀请马小姐去南屏戏院看晚场。马约翰就再次声明天黑以后不准与男朋友单独外出。钱明年真诚地解释道："白天电影院内也是黑的，请你相信我，我会尊重马家小姐的。"马约翰对坦率直言的钱明年颇为欣赏，也就不再阻拦，反而鼓励两人交往。

可惜天有不测风云，在昆明这段艰难岁月里，马家接连迎来了两次沉痛的噩耗，长子马启华和大女儿马懿伦得了重病，不幸去世，他们的离去让家里多了一层生死别离的阴霾。1939 年，正上大四的马

马约翰与家人的合影

启华因患肺病而离世，长女马懿伦也患上了肺病，没能治好，走时只有20岁。

提到这段往事时，马佩伦哽咽着说："姐姐懿伦和大哥启华都因患肺结核而早逝，白发人送黑发人，哀莫大于此，父母很伤心，但是父亲仍然坚持上课。"

马约翰强忍着亲人离世的悲痛仍坚持继续工作，继续为体育事业贡献力量。他的言传身教让儿女们深受触动，他的体育精神和体育思想也陪伴着儿女们一路成长。

马启伟在西南联大时期参加网球比赛时，取得了很好的战绩，但要取得最终的冠军，除了在比赛中获胜以外，还要接受2—3人的挑战，获胜之后才能算真正的冠军。

马约翰对"公平竞赛"有更高层次的要求，他建议马启伟让挑战者提出比赛的时间和地点，马约翰解释道：什么是公平？公平竞赛除去一般理解为按照规则，双方在对等的条件下进行比赛以外，还应该在双方充分发挥最高水平的情况下进行比赛；只有这样的比赛才是最公平的比赛，只有在这种条件下比赛而取得的胜利才是真正的胜利。

马约翰次子马启伟

这个观点也正如马约翰在《体育的迁移价值》这篇论文中所说："(体育)除了它的身体功能之外，也是树立品质的首要因素之一。"

马约翰经常用一些生动的英文格言教育学生。马启伟在《我走上从事体育工作的路径》这篇文章中说：

> 我一生中对待工作，对人对事的基本性格，也就是在其中逐渐形成的。例如他常说的：
>
> "Fight to the finish and never give in."（奋斗到底，决不放弃。）
>
> "What ever you do, do to the best."（做任何事，都要做得最好。）
>
> "Good better best, never let it rest, till the good is better and better the best."（好，更好，最好，决不让它停止，直到好成为更好，更好成为最好。）
>
> "Fair play and honest."（公平竞赛和诚实。）

百年巨匠
Century Masters
马约翰 Ma Yuehan

第十五章 云南体育风云

抗战时期，马约翰有序而有效地推进着西南联大的体育教学工作，同时，他从来到昆明的第一天起，就开始为昆明的体育事业发展费心谋划，他在《在昆体育八年之回顾》一文的开头说：

> 本人因受战事的影响，在一九三八年随同清华大学教授九人首批来昆，到达昆明车站时，承蒙龚厅长等到站欢迎，本人记得，龚厅长第一句话对我说"马先生光临云南，一定能够把云南体育领导起来"，当我听到龚厅长对我这个期望以后，深知云南体育需要一个强力来推动，使云南体育在一个合理的途径上发展，所以本人就决心负起这个责任来。首先我就开始调查各学校及社会团体的体育实施情形，费了很长的时间细心研究，结果使我发觉了云南体育普遍的缺点如后：
>
> 1. 一般对体育不注重；
> 2. 对体育活动没有兴趣；
> 3. 体育教员对体育缺少学理的根据；
> 4. 缺乏新的而合理的教材教法；
> 5. 缺少运动精神。
>
> 那么我就根据以上的缺点开始推动工作了。

马约翰推动昆明体育事业的第一步就是组织联大、云大、同济、空军官校四大学校的联合运动会，他希望借助运动比赛来唤起青年及民众对体育的认识和兴趣，让他们对体育有正确的观点。

龙云是云南省国民政府主席，他儿子是昆明网球协会会长，马约翰通过网球这项运动获得了以龙云为首的云南当局政教官员的赞助和支持。

在一次足球比赛中，龙云主席在大雨中亲临赛场，进行指导，一直坚持到比赛结束。龙云这种贯彻到底的精神表现出他对体育的热忱，也给了青年们很多鼓舞。

1940年1月，马约翰、张四维、涂文、聂体仁等人发起成立了昆明市体育研究会，这是云南省第一个体育研究机构。马约翰写下《在昆体育八年之回顾》一文，详细谈道："继第一步工作之后为联合各级体育教员的感情及提高研究学术的兴趣起见，特组建了体育学术研究会，从事研究各种教材使大家对体育有共同观点，借着学术研究会来与各级上校体育教员联络后又与教育厅合办暑期体育训练班。参加者甚为踊跃，约百余人之多，且均为中小学校体育教员，本人借着这机会讲解体育的价值、原理，及运动道德，使大家有一共同的认识，然后又讨论研究新的教材与教法使之离班后将这些新的教材教法带到各级学校去推动，达到体育在教育上的效果。"

马约翰在昆明八年期间组织的教育科研机构

名称	发起时间	发起人	主要活动内容
昆明市体育学术研究会	1940年1月	马约翰、张四维、涂文	昆明第一个体育研究机构，普及国民体育
整顿云南省体育协进会	1942年	龙云、马约翰	对云南体育协进会进行整顿，马约翰、黄中孚、牟作云任理事，直到复原返回北平
省立体育专科学校	1944年	马约翰（校长）	附设体育师范班，为全省培养大批体育教师

注：龙云为云南省主席，马约翰、黄中孚、牟作云、涂文、张四维为西南联大体育部教师

马约翰整顿了云南省体育协进会，还请来了联大体育部教师黄中孚、牟作云担任常务理事。1944年时，马约翰和云南省政府共同努力，成立了云南省立体育专科学校，附设体育师范班。昆明市体育学术研究会、云南省体育协进会、云南省立体育专科学校等机构极大促进了云南体育人才的培养和体育事业的发展。

为推动大众体育的发展，马约翰先后组织了昆明市游泳比赛、昆明市运动会、中美田径运动会等大型体育赛事。

马约翰在昆明八年期间组织开展的运动会

名称	发起时间	发起人	主要活动内容
四校体育联合会	1939年	马约翰	由西南联大、云大、同济、空军军校组成，校际间举办球赛等活动
昆明市游泳比赛	1941年9月9日	马约翰	在体育节举办游泳比赛，到1944年，共举办了四届
昆明市第一届运动会	1941年10月10日	龙云、马约翰、牟作云、夏翔	举办运动会，参赛个人或团队50个以上，到1945年，共举办了五届
中美田径运动会	1944年10月22日	龙云、马约翰、王英杰	中国陆军18师在内的中美选手及职员参加，运动会在拓东体育场进行

注：龙云为云南省主席，马约翰、夏翔、牟作云、王英杰为西南联大体育部教师

这些活动里，规模最大、参与人数最多的就是昆明市运动会。1941年的"双十"国庆纪念日（辛亥革命纪念日为每年公历10月10日），昆明东郊的省立拓东体育场举行了第一届市运动会。省政府主席龙云担任大会名誉会长，马约翰担任总裁判，牟作云任副总裁判，夏翔任总干事。全市有50多个团体、580名选手参加运动会，包含了西南联大、云南大学、航空军官校、中央军校第五分校（云南陆军讲武堂）等团体。

马约翰的妻子戴娉恩连夜绣制了西南联大的校旗，运动会开始

昆明市运动大会，右一为马约翰，右三为龙云

后，联大的校旗迎风飘扬在运动会场上，鼓舞着每一个联大运动员。比赛项目中的田径运动设有男子 19 项、女子 10 项，球类运动中设有篮球、足球、排球，还有团体操和一些表演项目。

　　运动规模最为壮观的还是 1943 年 10 月 10 日举办的第三届运动会，运动会仍在昆明拓东体育场举行，当时云南和昆明地方军政要员、社会名流、市政府各级长官以及中华体育协进会总干事董守义均出席了运动会的开幕式。西南联大、云南大学等 43 个团体共派出 2000 多名选手参赛，比赛项目设置了田径和球类两大项，分为高、中、初 3 个层次组进行。在整个比赛过程中，共有 20 个项目打破了原有纪录。

　　市运动会从 1941 年到 1945 年共举办了五届，在一次比赛中，西南联大和空军在决赛相遇，但空军赢不了西南联大，就犯规踢人。马约翰便找到空军司令质问："怎么能这样？"

　　马约翰一贯强调体育精神是首要问题。他在为联大男子排球队打气时总是说校队是代表西南联大的,一定要用西南联大刚毅坚卓的劲头打球,他强调要以"体育精神"征服对手,要用公平竞争的方式赢得胜利。他反对比赛时运动员粗暴无礼,出言不逊,做出犯规的动作,他也一直以体育精神严格要求联大的学生。

西南联大的校旗

1940年组建的联大的男子排球队是真正的校代表队,实力非常强。当时的排球是九八制排球,在比赛过程中场上的队员固定,位置不变。男排校队的教练是男篮国手牟作云,领队是马约翰。

1941年,联大男排校队将与国民党航空军官学校的排球校队进行一场比赛,这支航校校队被国民党空军称为"天字第一号"的强队,实力不容小视。

初夏六月的一个星期天,就在双方队员都有假期的一天,航校队和联大队开始了一场王者之争。当时,航校开来了三部大车、两辆吉普车,拉来了队员、领队的军官,还有后勤人员和拉拉队,他们有备而来,阵仗很大。

下午,双方队员陆续上场,航校队员吃的是飞行员伙食,队员们个个面色红润,精神振奋。联大队员虽然营养一直不够,但精神一点不差。比赛开始后,联大队攻防都比对方强,全员配合默契,势不可挡,结果以三比二打败了对方。航校输了比赛,似乎并不服气。

第二年,又是初夏的一个星期天,联大校队和航校队在云南大学的球场再决胜负。这一次,航校队开来了五辆大车、三辆吉普车,队员中新增了一些更年轻、更强壮的队员,航校队来势汹汹,一些助阵、助威的朋友腰上还带着手枪。

联大队中只有个别队员因为毕业离开了，补充了一两位新队员，拉拉队都是自发过来助阵的，教练牟作云和领队马约翰都在现场坐镇。

比赛开始，双方拉拉队也较劲着呐喊起来，场上的队员，一来一往，更是紧张，联大队员看起来较为体弱，一上场就像换了个人似的，勇猛搏杀、精准反击。到了第五局时，对方的一记扣球，打出了界外。裁判杨元坤教授吹哨认定为界外球，但航校带队的长官大喊是界内球，场内球员也连连高喊"界内！"

赛场内外都乱了起来，航校队的队员和长官都来找裁判说理，航校队的拉拉队不断发出叫骂声，队员也起了要打裁判的架势，几名过激的航校长官摸着手枪，准备着什么……

来看球的联大同学们开始高喊：谁敢开枪，不许动武。

马约翰正在和对方领队耐心谈判，经过约半小时的商谈，双方达成了一致意见，判定刚刚的球不算分，由航校重新发球。联大再次投入战斗后，连连得分，最后联大又以3∶2的比分赢了航校。

比赛结束后，马约翰没有批评对方蛮不讲理、仗势欺人，只是说了一句："我们赢，靠的就是技术，也靠联大这股劲儿。"

当时的排球队队员张世福回忆道："靠这股劲儿，联大排球队自从组建以来，一场也没输过。"

联大排球队在牟作云的指导下在昆明所向无敌，从无败绩。他们在每一场比赛中，不仅赢得了比分，还赢了风度，赢了体育精神。

马约翰向同学们赞扬这支排球校队时总说："这支排球队是优秀的球队，它是真正可以代表联大的球队。"

1944年以后，美军开始助战中国，与中国人民一起抗击日本法西斯。全国体育协会云南省分会组织特意在拓东运动场举办了一次中美田径运动会（邦盟空军人员联合运动会），邀请中美两国的军人共同参赛。

10月22日下午一点半，中美田径运动会隆重开幕，美空军十四航空队司令陈纳德，昆明防空司令杜聿明，空军第X路航空司令晏玉琮，西南联大常委梅贻琦均到场观赛，马约翰、黄中孚等十余人担任裁判，中美双方的选手大约近百人，在场的观众也多达数千人。

美方撑竿跳高的国手甘斯林上尉也赶来参赛，赛事激烈，中美双方都表现出很好的运动风度和体育精神。最后，美军团体总分71分，中国62分。1945年，又举行过一次中美田径运动会。

除了这些大型体育比赛之外，西南联大还为流落到后方的难民举行了篮球义赛，也举行过昆渝两地的篮球互访赛。由王维屏、王英杰等人加盟的联大体育教师联队参加了昆明市的篮球公开赛，精彩的比赛吸引了无数观众。联大学生代表队在各种运动竞赛中总是名列前茅，昆明市各企业单位的球队纷纷想要聘请西南联大的体育教师来做教练。昆明的体育运动氛围越发浓厚，民众的运动热情逐渐高涨，整个体育界的风气也越发向好。

马约翰在《在昆体育八年之回顾》一文中总结道："在过去时常听到云南每次运动比赛中因运动员好胜心切，指导时缺乏运动精神之训练，所以时常发生不规则行为，而忽略了运动真意，但在这八年中每在运动比赛之前经本人讲述体育之意义及运动道德之重要，以致各参加者深明大义而将以往不良行为改善，从此再未发现无理争执，这以证明云南对体育有了进步，而获得体育上最有价值的成功。"

百年巨匠
Century Masters
马约翰 Ma Yuehan

第十六章 千秋耻，终当雪

夏翔从1933年起开始在清华任教，他曾说来清华工作的原因："一是仰慕它的体育器材、设备和场地精良；二是仰慕它的管理方法先进；尤其是仰慕马约翰先生的大名，那时他已经在我国体育界享有盛名了，所以很愿意同他共事。"

夏翔到清华不久后，就成了马约翰的得力助手。1941年，西南联大教师有了出国留学的机会，马约翰为了帮助夏翔去春田学院深造，就以英文形式向梅贻琦常委提交了一份申请，为夏翔争取到了留学的自费生奖学金，帮他减轻了一些经济负担。夏翔在马约翰的推荐和帮助下，顺利去了美国春田学院。

1941年12月7日，日本对美国夏威夷的珍珠港发动了突然袭击。就在珍珠港事件爆发的同一天，昆明市举行了重要的篮球比赛，马约翰在开幕式上不止谈了篮球，还义愤填膺地告诉大家，日本对美国不宣而战，这是一个没有道德的民族，我们练好篮球，练好身体，要准备好把日本人赶出中国！

日本偷袭珍珠港成为第二次世界大战中太平洋战争爆发的导火索，战事从1941年12月7日持续到1945年8月15日，还在美国留学的夏翔回国受阻，只能继续留在国外读书，到了1945年，夏翔在哥伦比亚大学进修，专攻体育卫生等课程。

在他留美的这段时间，还发生了一件趣事。有一次，几个美国学生在校园里摔跤，夏翔在一旁围观，美国学生就对着他起哄，挑衅着问:"你这个'东亚病夫'也敢来试试吗!"

不愿多事的夏翔正想走开,美国学生视夏翔为胆小鬼,闹哄得更厉害了。夏翔的民族自尊心受到了刺激,他难以咽下这口恶气,就转身走向他们。美国学生见夏翔走过来,其中一个人就扑了过去,学过一点中国式摔跤的夏翔,把扑来的美国学生一下就撂倒了,又来一个美国学生,夏翔再次把他放倒,在场的人都在鼓掌大笑。这几个美国学生还算有风度,他们没有记仇,还与夏翔言归于好,不再用"东亚病夫"的眼光看待中国人。

1945年的春天,世界反法西斯战争的形势向好,英国、美国、苏联三国召开了雅尔塔会议,决定加速反法西斯战争的进程。盟军即将在欧洲取得胜利,而中国却由于国民党政府的腐败,在抗日战争的正面战场上连连失利。国内关于废除国民党的一党专政,实行民主政治,团结抗战的呼声越来越高。

昆明文化界由314人联名发表了《关于挽救当前危局的主张》,4月4日,西南联大的学生代表大会开会通过了《国立西南联合大学全体学生对国是的意见》,同时通过了纪念"五四"的活动计划。

马约翰对国民党也有很多不满,他曾公开骂过国民党的教育是死教育,压死了天才,埋没了俊杰。后来,有人还拍着他的肩膀,提醒他说话要小心,不要那么讲。

西南联大的学生准备纪念五四运动,计划一经宣布,国民党云南省党部就高度警惕起来,他们通过昆明市政府密令各个学校阻止学生参加活动,同时严令各大报馆不准刊登有关联大纪念"五四"的消息。

5月4日这天上午,联大体育部和学生自治会组织起了球赛,阳光美术社举办了美术展览。下午一点时,纪念"五四"大会就在云南大学的广场正式举行。

昆明各个大中学校的学生踊跃前来参加大会，最后通过了《昆明各大中学校"五四"纪念大会通电》，强调指出：当前首要任务是废除一党专政，召开国是会议，组织联合政府，这是实现民主，争取胜利的唯一途径。

随后，一场盛大的游行开始了，队伍经过了昆明的主要街道，围观的市民受到感染，纷纷加入游行队伍，最后，爱国人士形成了一万多人的洪流。

到了晚上，联大师生在图书馆前聚餐，悠悠体育会举行了火炬竞走，比赛的奖品是一面锦旗，锦旗由马约翰和闻一多亲笔题词，将赠予火炬竞走比赛中男女两队的冠亚军。悠悠体育会的火炬点燃了篝火，开启了热闹非凡的营火会。

晚会在学生们高亢的战斗激情中结束，这一年的"五四"纪念大会成为联大学生们难忘而珍贵的一段记忆。

1945年8月15日，日本宣布无条件投降，中国迎来了抗战的最后胜利，在举国欢庆的时刻，联大的学生却在为国共之间一触即发的内战感到忧虑。就在同一天，联大和云大、中法学生自治会以及昆明的《自由论坛》社、《民主周刊》社、中苏文化协会昆明分会等八个团体联合发表了《迎接胜利反对内战通电》，强烈呼吁"制止内战危机"。

抗战胜利后，组成联大的三所学校准备复员，返回北平。1946年5月4日，西南联合大学举行了隆重的结业仪式，三校师生们从6月份开始分批离开昆明，一路北返。师范学院留在了云南，后来发展成为云南师范大学，其他学院全部回归北大、清华、南开三校。还没毕业的学生按本人的志愿分别进入北大、清华、南开三所学校继

国立西南联合大学纪念碑

续学习。

1946年9月10日，马约翰在《正义报》上发表了关于在昆体育工作的回忆性文章《在昆体育八年之回顾》，他在文章第三部分中留下了对云南体育界的建议：

> 本人即将离昆颇有恋恋不舍之慨，因昆明为本人之第二故乡，在此将离未走时适系"九九"体育节，本人有下列数点建议，以作临别云南各界之赠言。
>
> 1.云南省体育事业至今尚未臻完善，很多工作亟待推动，希云南行政当局及体育界同仁集中力量，团结起来负起这伟大而艰巨的责任。
>
> 2.希望各级学校体育教员多加研究生理与体育的关系、多多督促学生活动，使学生藉着体育活动而达到健全完美的发育，以补未老先衰之势。

3.希望体育界同仁多利用拓东体育场及志舟体育会的完美设备以作领导青年对体育活动之场地。

4.在可能范围内多设体育设备开辟运动使体育大变化。

5.最后希望全滇青年保持以往良好的运动美德,并发扬光大以至永永远远,此体育之幸,亦国家之幸,再会!

百年巨匠 马约翰 Ma Yuehan

第十七章 第一堂体育课

抗日战争时期，北平沦陷，清华大学被日军占领，沦为日军的兵营和伤兵医院。让马约翰最为生气的是清华的体育馆遭到了严重破坏，前馆甚至被日军当做马厩，后馆改成了大伙房，馆内的特制地板被全部损毁，运动器械被拆毁后被丢弃在室外。图书馆、教学楼、实验室和教师住宅楼等建筑都遭到了毁坏，曾经的学术殿堂如今已是面目全非。

抗战胜利后，施嘉炀教授作为清华大学的代表，和陈岱孙教授一起陪同梅贻琦校长来到清华二校门前，他们从占领清华的日军指挥官手中接过受降战刀，扬眉吐气地拿回了清华园。

学校在1946年1月又遭受了一次劫难，学校被国民党军队"劫收"，直到1946年7月，清华园才真正回到清华师生的手中。清华复校后，学校在财力有限的情况下只对体育馆进行了简单修整。新中国成立后，学校重新对体育馆进行全面修复，体育馆才恢复了原貌，再度成为全校学生体育活动的重要场所。

1946年10月10日，西南联大三校约定在这一天同时开学，上午10时，清华大学时隔9年重新在清华园开学。此时的清华大学院系设置和研究机构都有所扩大，共有文、法、理、工、农5个学院，26个学系，23个研究所，比抗战前增加了1个学院10个学系，马约翰继续担任体育部主任。

清华恢复体育教学后，马约翰专门为入学的新生开设了延续至今的经典课程——"第一堂体育课"。

清华的大礼堂中，马约翰在所有的新生到齐后走上了礼堂讲台，他不用话筒，直接用洪亮的声音为学生们上课，他的声音浑厚有力，坐在任何角落的学生都能听得清清楚楚。新生进入清华大学后的体育教学，从"第一堂体育课"开始了。

"Sit down, please!"（请坐！）马约翰用爽朗的声音说完了第一句话。

所有学生坐下后，马约翰开始正式讲课。这堂课上，马约翰并不重点讲体育技能和知识，而是专门为新生们讲解体育的精神和意义，让学生们知道什么是体育，体育锻炼对身体健康的重要性！

吕云倬在1948年考入了清华大学，她在《缅怀马约翰》一文中回忆着马约翰的第一堂体育课，这堂课主讲"体育与人的生理的关系"："1948年您给我们新同学上第一堂体育课，蓝色的领结托着慈祥的笑容，'My boys！'用美文讲了睡眠，从此成了影响我最深的师长。我也学着冬天穿单裤。我很瘦弱，蛙泳只能游70 m，向您请教，您非常认真，用英文写训练计划。每两周换一次，想不到蛙泳能突破3000 m，在一次横渡昆明湖比赛中，虽然没取上前两名却赢得您的签名。您宏亮的声音'我马约翰是人民的！''我能活100岁，祝大家活120岁！'永远激励着我们前进。"

刘正端也是1948年的第一堂体育课的学生，他在《永志不忘的教诲》中写着："我在中学时，是不太重视体育的，认为体育和功课好坏没有直接的联系，视体育课为负担。马老师第一课，使我顿开茅塞，大大地提高了对体育的认识，增强了锻炼身体的自觉性。在清华几年的大学生活中，不管功课如何忙，每天早晨和下午上完课后都要到体育场上去跑步或玩双杠等机械操运动。从此这就变成了我每天不可缺少的课程。"

1948年的新生里还有一位名叫于惠敏的学生，她在大一时，因为身体曾经做过外科手术，与班上同学一起上体育课有一定困难，她就找到马约翰，申请批准她免修体育课。

马约翰认为她跟班学习确实有困难，就同意了。但他仍耐心对于惠敏说："Though you cannot have the physical training together with your class, you can take part in a physical training group the students who got trouble with chronic diseases."（虽然你不能和全班同学一起进行体育训练，但你可以参加一个都患有慢性病的学生体育锻炼小组。）

那天以后，于惠敏就正式加入了病号体育活动小组，小组成员每天下午都会在体育馆楼下的东头走廊打乒乓球。

马约翰给女同学上完体育课后，有时还会亲临乒乓球室，指导学生打球。兴起之时，他也亲自上阵。一天下午，马约翰和于惠敏打了一场比赛，马约翰是横握拍，抽杀很准，一连打个3：0，轻松赢了年轻人。

同样是在1948年，正值清华大学37周年校庆，一位记者想为马约翰写文章，就来到马约翰家中拜访。当他走到门口时，正巧碰到马约翰的女儿，马小姐不等这位记者表明来意，就先问他："是不是请求免修体育的？"

"不是。"记者表明来意后才被请了进去。

记者进屋后，看见鹤发童颜、神采奕奕的马约翰先生安详地躺在软椅上，马约翰真诚地跟他聊了很多：

> 我这个人不喜欢表现我自己，我不赞成旬刊上替我写文章，服务是应该的，没有什么值得表彰之处。不过，你要知道关于清华的事情，我倒可以告诉你。
>
> 清华以前同学很少，七八百人，规规矩矩地念书，不太

像现在这样关心政治。以前要沉静得多，现在要活跃一点，这不能说哪一种好，哪一种坏，没有法子批评。反正时代不同，人也变了，我们不可能拿以前的标准来衡量现在，不可能拿以前的老方法来教现在的学生。

"Education should always change according to the demand of condition."

教育应该要变，要跟着时代环境的需要来变。

……现在的体育活动，不如从前了。从前爱好体育的同学，一天就在那里钻，下了课就跑来，你看去年回来的校友，他们丢了好多年，然而，技术，姿势，玩得多美。但是现在，现在我还没有能训练出一个队来。

……我觉得体育的功效，最重要在培养人格，补充教育的不足，教你们注意自己，怎样保护身体，Take care of yourself，培养一种"干！干！干！"的精神。负责任，帮助别人，你看现在比较成功的校友，一大半在学校里都是爱好体育的，怪得很，功课好，体育也好，所以新同学进来，我一直就跟他们讲，"Sportsmanship, Sportsmanship"，体育是培养健全人格最好的工具，美得很，美得很。

马约翰一边说，一边用两个拳头做出互相撞击的姿势，两脚在地板上跳动。随后，他还重点提到了爱护、保护公共设备的问题：

Sportsmanship, Sportsmanship就是要讲究公德，爱护public property。比方说：网球场，体育馆，你穿着大皮鞋去乒乒乓乓两下就跳坏了，人家用什么？比方说：洗澡，你一个人哗啦哗啦把热水都放完了，别人洗什么？用电方面，你一个人浪费，吃亏的还是大家。

　　关于这一点，现在很多同学都对我不满，可是体育馆要不是我看管得紧，早跳坏了！

　　你回去要把这点表达出来，要大家爱护公物，不要破坏浪费，要想到你用过之后，别人还要用。只要大家爱惜保护，将来我们清华，培植起草地，花木，美得很。It's a wonderful thing.

马约翰这一席话被刊载在1948年4月27日的《清华大学三十七周年校庆纪念特刊》上。马老在最后还谈到了校庆的意义，他说："校庆节，校友们都回来看看，增加在校同学与校外同学间的联系，可是现在校友们同在校同学的班次都隔得太远了，大家不容易玩得拢来，不像以前，班次隔得近，校友回来，多半都认识。玩得亲热一些。而且现在交通不便，只有北平的校友可以回来，其他各地的校友，要花很多钱，也就不可能了。"

刘正端毕业于1952年，他在《永志不忘的教诲》一文中写到了他在清华的最后一节体育课："在最后一课中，马老师还别开生面地从人的生理上分析如何正确进行恋爱和结婚。当时，我们感动得简直流泪。马老师像父母一样无微不至地关怀着每一个即将离校的青年，马老师不但教育学生的现在，而且还教育学生的将来，给我们的印象特别深刻，永志不忘。"

北平快解放时，国民党特务造谣说共产党不要体育，也不要老头，老头都要通通杀光。还有传言说共产党为了不浪费子弹，就让很多人站成一排，然后像串糖葫芦一样，一颗子弹打一串。

北平五所大学的体育教师不了解共产党的政策，他们听到特务们散布的谣言就慌了神，纷纷来到了马约翰家中，问他怎么办？

马约翰丝毫不信这些谣言，对教师们说："你们自己有什么问题没有？如果没有，就不必怕什么。反正你不过是天天教体育，天天教学生，又没有干什么坏事，共产党为什么会杀你？我相信，共产党来了，教育还是会存在，体育也还是会存在。"

马约翰说不出更多道理来，就反复对惶恐不安的教师们讲："金子终归是金子，银终归是银，铜终归是铜。只要我们没做错事，勤勤恳恳地教育了青年，共产党是会欢迎我们的。"马约翰的话和他镇定的情绪，多少缓解了教师们的忧虑。

不久之后，国民党政府为了拉拢更多教授和学者随他们逃往台湾，特意把两架飞机停在了东单机场，他们还派专人前往北大清华游说，并安排一辆美孚汽车停在清华大学门口，每半小时接送一趟教员。马约翰一直不为所动，他毅然搬到了北平城里，态度坚定地留了下来。

1948年12月15日，中国人民解放军进驻海淀，清华园解放。12月18日，解放军第十三兵团政治部在清华大学的西门贴出布告："查清华大学为中国北方高级学府之一。凡我军政民机关一切人员，均应本我党我军既定爱护与重视文化教育之方针，严加保护，不准滋扰。尚望学校当局及全体同学，照常进行教育，安心求学，维持学校秩序。"

1949年1月10日，解放军北平军事管制委员会文化接管委员会正式接管了清华大学。冯友兰评论道："在全中国解放中，清华是首先被解放的国立大学，在全中国的解放中，人民政府宣布一个正规大学为人民的大学，清华是第一个，这是清华的莫大光荣。"

新中国即将到来，清华将步入新的历史时期，中国的教育迎来了一个崭新的时代，马约翰的体育事业也将开启一段不同于以往的全新的征程。

百年巨匠
Century Masters
马约翰 Ma Yuehan

第十八章 我的干劲更大了

第十八章 我的干劲更大了

1949年10月1日,清华大学和全国人民一起沉浸在欢庆新中国成立的喜悦中。凌晨3点左右,一列20多节的敞篷车厢火车载着2000多名清华师生,浩浩荡荡地从清华园出发,他们即将去往天安门,参加开国大典。

下午3点整,开国庆典正式开始,毛泽东主席站在天安门城楼上宣布:"中华人民共和国中央人民政府今天成立了!"

参加盛典的30万民众爆发出经久不息的欢呼声和掌声,五星红旗升上了22公尺的高竿,54门礼炮齐鸣28响,这28响标志着中国共产党领导中国人民英勇奋斗28年,终于迎来了最后的胜利,军乐队奏起了《义勇军进行曲》!

毛主席宣读完公告后,阅兵仪式开始,接着就是群众游行。游行队伍按工人、农民、职工组成了不同方队,向东西两个方向出发,象征着全国人民大团结。工人队伍走在游行队伍的最前面,随后是农民、机关人员、学生等。

晚上八九点钟,清华大学校旗迎风飘扬在天安门前,清华大学的队伍在校旗的引领下昂扬出场,数十面红旗紧跟其后。阔步走在最前面的就是总领队马约翰,60多岁的他精神抖擞地走过了天安门。

毛泽东主席向清华师生高呼:"清华的同志们万岁!"

清华师生们激动着高呼:"毛主席万岁!""中华人民共和国万岁!""中国共产党万岁!"

晚上九点半左右,群众游行队伍全部走出了会场。两股"红流"向东、西两边的街道流去,群众们四散回家,今夜的光明点亮了整个北京城,照亮了全国人民的心。马约翰带领学生队伍回到了清华园,在整个漫长却激动人心的仪式中,他全程忍着脚上血泡的疼痛,始终昂首挺胸地走在队伍的最前面,为新时代献上一股最为昂扬向上的精气神。

1949年10月27日,中华全国体育总会筹委会成立,马约翰当选为副主任,该会的工作是团结全国体育工作者和爱好者,争取各方面协助,大力开展新体育的普及运动。

新中国成立后,举国欢腾,到处都在"扭秧歌"庆祝,清华的大操场上都是"扭秧歌"的人,正常的体育课也中断了。

体委副主任荣高棠曾是马约翰的学生,马约翰略有担心地问荣高棠:"现在是否还重视体育?"

荣高棠回答:"重视。"

马约翰接着说道:"扭秧歌可以,但绝不能代替体育。"

刚解放时,西安各个大学已经没有体育课了,西北及其边远地区的体育课也早已取消。当时国家体委的有些干部错误地认为劳动就是体育,在刚刚建国的这段特殊时期里甚至有一个阶段是没有体育的。马约翰一直强调体育是全面锻炼,劳动也不能代替体育。

1950年,《新体育》杂志正式创刊,毛主席亲笔题写了刊名,马约翰在创刊号上发表了《我们对体育应有的认识》,他在文中阐述了体育是一门科学的重要观点,指出了中国体育事业进步缓慢的原因:"对体育认识不够,缺乏正确的观念,把握不住方向,把体育看成纯技术的训练,另外,也没有把体育看成专门的科学,实际说来,科学才是体育真正的基础。"

他详细解析道："为什么我们说体育是一门科学？因为体育的对象是万物之灵的人，人是个机体，能做很多种不同的活动，承担很多种不同的工作，生物学原理上说：'机体是从动中来获得充实与健康的。'这就是使我们确认体育是科学最基本的理由。所以我们要研究各种运动对于生理的影响；研究训练技能的科学方法；研究测验方法，来测量我们的训练结果。更深一步还要研究体育的科学基础、体育的目标、体育的工作等。

"体育这一门科学是以很多科学为基础的，依据各种科学构成了体育的原理、原则。比如生物学、生理学、心理学、社会学、物理学、化学、音乐、艺术等。"

经过多方论述，马约翰得出结论："体育是促进机体健康完美的工具，体育是科学的。"

很快，马约翰投身到了中华全国体育总会筹委会的工作中，积极推动着全国的体育改革。由于体育工作者们对于新体育运动的实际经验不够，在开展工作中不免遇到一些困难，发生了一些偏向，针对这些情况，中华全国体育总会筹委会举办全国体育工作者暑期学习会，邀请全国各地的体育工作者来共同研究问题、交流经验。同时，筹委会积极发展地方体育领导机构，在各地分会及分筹会的领导下，团结体育工作者和爱好者开展体育活动，他们消除了"共产党不要体育""体育没有前途"的悲观论调，让民众对新体育重拾了信心。

马约翰的儿子马启伟在1948年毕业于美国春田学院研究院，取得了体育和教育硕士学位，回国后的他来到清华任教，和父亲一起投身到了体育教育事业中。当时中国普遍流行九人排球，马启伟是第一个把六人制排球引进中国的人。

1950年8月，马启伟训练指导下的中国学生排球队出战世界大学生运动会，这是新中国派出的第一支体育代表队。1952年，马启伟成为中国女排第一任主教练，一生致力于排球运动的研究。

1951年11月24日，中国第一套广播体操问世，这套广播体操挂图的模特正是身形健美的马启伟。

女排教练马启伟

1952年，我国开始实行第一个五年计划，教育部参照苏联高校的教学模式，对全国高校的系科进行了有计划的大规模合并和调整。中央要兴办几所工业院校，决定了把清华大学改为工业大学。经过科系调整后，清华大学工科只保留了土木、水利、建筑、机械、动力、电机等传统工业学科，转变为一所只有8个系22个专业的多科性工业大学。

这一年，清华大学迎来了新一任校长，他就是爱好体育并重视体育的清华大学文学系毕业生蒋南翔。蒋南翔校长十分重视体育锻炼，他不但要求学生每天下午坚持进行课外体育活动，还组织校、系两级干部每周二和周五下午都要集体锻炼两次，由马约翰亲自担任他们的体育指导。

每次集体锻炼，蒋校长都会到场，从不迟到，其他教师也就不好意思缺席了。在蒋校长的亲自带动和马约翰的精心指导下，教师们的身体逐渐强健起来，清华大学的运动氛围逐渐浓厚起来。

凡是来清华体育部应聘的人，马约翰都要询问其是否吸烟，吸烟者不要。马约翰对教师们的健康十分在意，为了鼓励吸烟的教师戒烟，他想了不少办法，甚至用上了"买蛋糕"的奖赏方式。

苏应惠在1952年春从山东医学院调入清华工作，当时的体育部

以马启伟为模特的广播体操图解

只有十余名教练，没有一个是吸烟的。苏应惠后来学会了抽烟，体育部也陆续多了几名吸烟的人。学校的办公室禁止吸烟，谁也不敢在马约翰面前抽烟，几个烟民就转移到了楼下教师更衣室，这是马约翰不常去的地方。

马约翰从别人口中了解到几位教师吸烟的情况，他就找了一天把他们召集在一起，讲吸烟的害处，也提到体育工作者是做人民健康卫生工作的，不应该吸烟，应该带头戒烟。他主动提出谁能够把烟戒掉，就请谁吃蛋糕。

在场的每个人都举手赞同，但蛋糕在当时还是奢侈品，他们以为马老只是随口说说，没有当真。后来，他们几人不再去更衣室抽烟，而是躲回家里抽了。体育部的同事以为他们真的戒烟了。几个月后，马约翰就兑现承诺给他们买来一盒大蛋糕，放在他们的办公室。几人分着吃了蛋糕，良心上却一直过意不去，他们从蛋糕的甜意中感受到了马约翰对大家健康的在意，也感受到了他对健康事业的一种无私的信念。

　　马约翰对大家的健康生活习惯十分重视，他对因体弱而不能参加正常强度锻炼的学生也十分关心。学生郑秀瑗在1951年考上清华后，在第一学期就发现自己的血沉值高到了70多，患上了多发性关节炎。医生劝她休学治病，但这对郑秀瑗来说无疑是晴天霹雳，她感到极为苦恼，一直难以做出休学的决定。

　　有一天，她在操场边为测试百米跑的同学加油助威，马约翰就过来问她："你为什么不参加测试？"

　　郑秀瑗说："我不仅不能锻炼，医生还要我休学呢。"

　　马约翰说："马上要放寒假了，你可以用寒假到中苏友好医院（现在的友谊医院）去治病。据说他们很会治这种病。开学后到我的体疗班来上课，不必休学。要是有人叫你休学，你就说是我不让休学的。"

　　随后，马约翰攥着拳头鼓励她："困难和疾病是弹簧，你强它就弱，你弱它就强。坚强，你病会好的。"

　　郑秀瑗除了免修地质实习和开拖拉机课以外，其他课程都是随班上课，她按照马约翰的建议一直坚持了下来。

　　当时的清华有一部分同学患有肺病，马约翰总对意志消沉的学生们说："肺不是纸做的，动一动是撕不破的！"

　　马约翰从1952年起，先后开了4个肺病班，每班有20人，学生学完12个星期的课就可以毕业。马约翰亲自带领这些生病的学生每天做一些轻微运动，还主动找到了校医院的大夫，请他们密切指导学生进行"体育医疗"。在马约翰的细心关照和指导下，学生们的身体素质逐渐增强，有些同学甚至还能打篮球，跑3000米。后来，学校得肺病的人越来越少，少到开不成班了。

　　马约翰注重学生的形体塑造，学校组织除了开设专门的形体矫正班之外，在新生的体检里也添加了形体检查，马约翰亲自上阵，为每个入学的新生检查形体。动力系毕业生陈世猷对他入学体检记忆犹新，他在《我们是马老教育思想的终身受益者》一文中回忆起这次特别的体检，体检不在医院进行，给他们做体检的也不是医生，而是马约翰。

陈世猷回忆说："轮到我走进外屋先把衣服鞋袜脱去，要求全身脱光，一丝不挂，当我走进里屋时。马约翰教授仔仔细细地注视着我的身体，前、后、左、右、上、下的体形、站姿、坐姿和行姿。他用双手不断矫正我，教我什么是正确的坐、立、行、卧的人体姿势，左右肩要放平，特别要注意不要驼背。坐着读书时一定要注意保护眼睛，保持合理的距离和足够的光线。这是一堂名师对一名刚入大学的学生的面对面的形体课。使我永远记在心头，时刻要求自己身体力行。"

1952年，毛主席题词"发展体育运动，增强人民体质"，还发出了"身体好，学习好，工作好"的号召。马约翰欣喜地说："共产党懂体育。"

1953年，国家确定在清华大学试点推行"劳卫制"（准备劳动与卫国体育制度），"劳卫制"是从苏联引进的一种鼓励民众积极投身体育锻炼的制度，也是新中国的第一个体育锻炼制度（后来演变成现在的《国家体育锻炼标准》）。

制度开始实行后，学校规定每天下午4点到5点为学生的体育锻炼时间，任何单位不得挤占或安排其他活动。由此，各班级的学生们纷纷组织起了体育锻炼小组，一到下午4点，锻炼小组长就带队到体育场跑圈，或者进行劳卫制里的锻炼项目。

体育教研组（1952年时体育部改为体育教研组）的老师们兵分两路，一部分指导各体育代表队进行日常训练，另一部分辅导进行"劳卫制"锻炼的学生，同时帮助一些体弱的学生完成锻炼。

马约翰在学校里积极推行《体育锻炼标准与劳卫制》，还指出我国体育的基础十分薄弱，特别是体育理论和科学研究工作差得很远，应该向体育强国苏联学习。

马约翰在《健康与体育运动》一文中把全校运动人员简单分为了三大组，并为每组人群提出了锻炼建议：

青年组：十八至二十五岁，一切劳卫制项目，各种球类运动，游泳，溜冰等。

壮年组：二十六至四十岁，排球，篮球，举重，羽毛球，网球，溜冰，远足，爬山等。

老年组：四十一至七十岁，排球，羽毛球，太极拳，广播操，游泳，沙袋，曲棍球，推板球等。

他还在文中提出了一些常用运动的锻炼的方式：

跑步（慢而自然）——二百至六百公尺。

徒手操——广播操和劳卫操。

上部或胸部运动——单杠，双杠，举重，拉重器等。

腹部运动——肋木，垫上运动，仰卧起坐等。

全身运动——球类运动，跳高，跳远，游泳，技巧运动等。

沐浴和按摩——使肌肉不僵硬酸痛。

前五项运动需要在20—40分钟内完成，所有的运动量、速度和时间都应按照个人的体能和体力来规划。

马约翰谈到一些教育领导者整天趴在办公桌上处理公函、发指示，他们不了解体育的重要，也没有实际体会到体育的好处，最多每天做做工间操。马约翰说他们是爷爷式的教育家，对学生像爷爷对孙子一样，总是说："你们不要爬山，爬山会摔死的；你们不要到河边去，那里会淹死的；你们不要吃硬东西，吃那个会呛着。"

马约翰认为这种做法不但是保守的，还是落后的。他写下《改变对青年的"爷爷"心肠》一文，发表在第17期的《新体育》上，他在文章中语重心长地说道：

"有人认为青年只参加一两项适合自己兴趣和特长的运动就可以了，不必要都参加劳卫制锻炼，这是由于他不了解身体全面发展的重大意义。在进行社会主义的建设中，需要有强壮的劳动力，不管是脑力或体力劳动者都要具有全面发展的体质。全面发展包括速度、力量、灵敏、耐久力四个要素。只有劳卫制锻炼才能达到这个要求。

"有人认为推行劳卫制会加重学生负担，学校里只要体育课就够了，劳卫制可以取消。我是这样看的：'如果认为劳卫制锻炼是学生的负担，那么任何一门课程都是学生的负担。不能忘记，不仅数学、语文是教育，体育也是教育，是党所关怀和重视的，是社会主义教育中不可缺少的一部分。'"

为了让学生们爱上体育，作为体育部主任的马约翰常年坚持在一线给学生们上课，他自编的准备活动体操，有节奏感和协调性，但也有一定难度，体操动作虽不复杂，但如果注意力不集中，也会做不好。马约翰科学、有趣的教学方式成功吸引了众多学生，学生们个个精神饱满、全神贯注中地听从马老的指挥，跟着他一起运动。于鸿森在《咏赞》这篇文章中回忆起马老的体育课：

"学生们为什么特别乐意上马老的课呢？是因为他不仅能提高学生的体质，而且还能消除大脑的紧张、调节劳累和枯燥、带来乐趣。

他上课时讲话声音洪亮，示范动作有力，说话风趣幽默。例如，教短跑时，他幽默地说：'要像小马驹跑得那样快，不能像老牛走路。'马老的饱满精神状态贯串（穿）于课的始终，学生们也认真地做动作。学生们说：'上完马老的体育课后，真舒服、愉快。'"

机械系毕业生吴克平至今难忘马老当年为他开的体育小灶，他从小就有弯背的坏习惯。有一天，他战战兢兢地向马约翰求教，马老热情地把他拉进了体育馆，先和他一起做俯卧撑。吴克平做了几下就站起来了，而当他看到满头白发的马老还在做时，感到非常羞愧，又有了继续运动的动力。

后来马老教他拉了一阵扩胸器，又教了他几节体操，让他每天这样练习，还风趣地警告他说："以后再看见你弯背，就打你屁股。"

马约翰的这句警告让吴克平感到很亲切，几十年来，马约翰就这样如同良师益友一样，躬体力行地指导着一批又一批清华人，帮助他们爱上体育，健康学习。

马约翰这位年逾七旬的老人，衣服总是穿得单薄。他常穿着一件白衬衫和毛背心，扎着黑领结，还有标志性的七分裤、高筒线袜、单皮鞋，他总是挺直腰板，每天都在劳卫制的这个时间里精神抖擞地站在体育馆南侧，开心地看着同学们积极锻炼，他在《在清华工作四十年的感想》一文中深情地说道："我最爱儿童和青年，不知怎么，见到他们就高兴，有一种难以表达的感情，爱他们乐观的斗争精神，爱他们美好的前途，我愿意永远和青年在一起，培养他们，像培养一棵小树一样。"

全国"院系调整"后，马约翰的家就迁到了胜因院31号，家里的陈设和过去一样简朴，客厅正中间挂着一面红锦旗，这面红锦旗是1953年学生会送给他的，庆祝他在清华大学工作40年。

1953 年任命马约翰为国家体育委员会委员的任命通知书

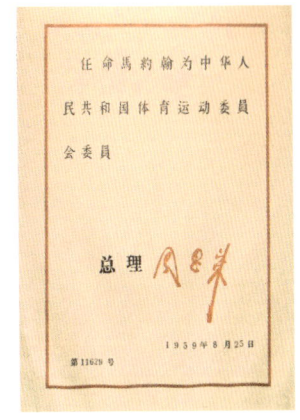

1959 年任命马约翰为国家体育委员会委员的任命通知书

马约翰在第一届全国体育总会（1949 年）当选为全国体育总会主任，在第二届全国体育总会（1952 年）当选副主席，并在 1956 年当选为全国体育总会主席。他在 1953 年和 1959 年两次收到了中央人民政府的委任书，被任命为国家体育委员会委员。马约翰精神振奋地说："解放后，党对体育工作的重视，加上国家建设事业的发展，我的干劲更大了！真是返老还童了呢！"

百年巨匠
Century Masters
马约翰
Ma Yuehan

第十九章
运动盛会

清华校长蒋南翔一直是体育运动的忠实爱好者，无论寒冬酷暑，他从不放松锻炼身体。他来到清华不久后就提出："要大力开展学生体育活动。既要开展大众的传统体育活动，也要开展各种体育项目活动，同学们要经常锻炼，要定期举办学生体育竞赛。"

1953年，在蒋校长的支持下，清华校务行政会议通过了"成立举办校运动会筹备委员会"的决议，在团委和学生会的领导下，体育教研组的老师们开始着手筹办清华在新中国成立后的第一届运动会。

这次运动会是对解放后四年来全校体育锻炼的一次检验，在运动会开始的前一段时间里，学校专门举行了预赛。女同学的体育运动成绩也渐渐突显出来，在离运动会一个多月前的劳卫制测验中，91%的女同学达到及格标准，有的女同学甚至能仰卧起坐500次，完成20多个俯卧撑。

马约翰忙着巡视指导，选手们每天都龙腾虎跃地在运动场上备赛，马约翰每天下午两点看着运动场上热闹非凡的场景，极其开心。

有的同学问他："马先生，你怎么这样乐呢？"

马约翰说："今天我能百分之百地贡献我的力量了，有了毛主席的领导，今后的体育锻炼百倍地开展起来，我的心情怎么不乐呢？以前清华运动会，选手就那几个人，不普遍，每次也只几十人到一百人参加，这次解放后第一次开运动会，有一千多人报名。从大家积极参加运动会的热情，从大家的关心来看，从领导上的重视来看，与以前开运动会完全不一样了。"

在全校运动会的前夕,马约翰向校刊记者表达了他对运动员的期望:"不要完全着眼在胜负上面,得不到锦标的要不气馁,以后努力锻炼;得到优胜的还需再接再励(厉),争取更高的成绩。比赛中要发扬新的体育道德作风,团结友爱,互相帮助,互相学习,提高技术。"

1953年6月7日,在清华大学西大操场上,新中国成立后的第一届全校运动会开始了。校运会规模空前,清华大学7个系以及工会、工农中学、钢铁学院、航空学院等11个单位的1500多人报名参赛。其中女同学就有150多人,这在清华历史上是从未有过的事,教务长钱伟长、副总务长张儆、电机工程系副主任钟士模等几位老教授也参加到了田径比赛中。

蒋南翔校长在开幕式上说:"(这次运动会)不但检阅我们参加运动的普遍性和各项记录成绩,而且要检阅表现在运动中的新道德,如集体主义、乐观主义精神,机敏、勇敢和纪律性等优秀品质。"

运动会举行了隆重的入场仪式,1000多名男同学和100多名女同学分别进行了"劳卫制"团体操表演。体育场上彩旗飘扬,各单位都组织了拉拉队为参赛的运动员加油助威。

运动会首次增加了女生高低杠表演项目,各系同学与工会(教师)的1600公尺接力赛成了热点项目,女子跳高、跳远、铅球、垒球、掷远等9项成绩均打破了清华在1935年的纪录,有的项目甚至接近当时的全国纪录。

这届校运会开创了新中国成立后高等学校学生运动会的先河,校运会也从此成为清华大学每年都会举行的大型活动。

蒋南翔校长后来对优秀运动员胡方纲、王光纶等人说:"有的国家有大学生参加奥运会,而且取得了较好的成绩,我们能不能有大学生参加奥运会呢？"

国人期待的新一届奥运会很快来临，1956年，第十六届奥运会将于11月22日到12月8日在澳大利亚的墨尔本举行，全国很快启动了紧密的筹备工作，开始全面选拔优秀运动员。

马约翰在选拔大会上惊喜地发现很多运动员是创造新纪录的好"材料"，当时运动员的水平已经有了很大提高，除了100公尺10秒7的纪录还没被打破，很多项目的纪录都被重新刷新了。由此，马约翰写下了《几点希望》发表在了当年《新体育》第21期上，他在文章中欣慰地对田径运动员们提出了四点希望：

第一是要有决心，要下苦功。田径运动，特别是短跑运动，要打破100公尺10秒7的纪录，对身体的要求很高，如果不下苦功练，新纪录是出不来的。

第二是要很好地利用今年冬季来增强体质，把力量、速度、耐力练得足足的，改进缺点——哪一部分不够就加强哪一部分的锻炼，突破它，改进它。那么就能给明年打破纪录打下很好的基础。

第三是要自己用脑子。应该听从教练员的指示，但不要机械地去执行教练员所给的作业，不要被一些死板的公式束缚住；应该特别强调自己动脑子钻研，领会教练员的意思，把它变成自己的东西。

第四是要建立有规律的作息制度。对一个想创造新纪录的运动员来说，吃饭、睡觉、工作、休息、运动，都得有规律。这样才能够使身体保持高度的健康水平。这里还要强调，运动员应该保持乐观、愉快的情绪。这种情绪会帮助你去克服困难。

中国体育代表团已整装待发,准备前往墨尔本。但令人没有想到的是,国际奥委会不顾中国的一再抗议,擅自改称中国为"北京中国",称台湾省为"福摩萨中国",并允许墨尔本的上空升起蒋介石政权的旗帜,坚持承认"两个中国奥委会",企图制造"两个中国"。

全国人民对此感到极度愤慨,马约翰明确表态:"我已经从事了50多年的体育工作,非常熟悉我国运动员,他们虽然爱好运动,但绝不能容忍自己的祖国的尊严受到损害,我们绝不会在挂着蒋介石集团旗帜的墨尔本参加比赛。中国奥委会已经决定,在国际奥委会不肯改正错误的情况下,我们决不参加第十六届奥运会。"

1956年11月22日,第十六届奥运会在墨尔本开幕,就在这一天,已经集结在广州的中国代表团奉命解散,中国体育代表团坚决退出了这届奥运会。国际奥委会炮制"两个中国"的阴谋仍在继续,1958年8月,中国奥委会(中华全国体育总会)宣布与国际奥委会中断关系,占世界人口1/4的中国人民不再参与国际奥委会组织的体育赛事。这个决定一经公布,立即受到了全国6亿人民的拥护。

1958年9月,《体育报》刊登了马约翰的采访发言:"帝国主义分子布伦戴奇在国际奥委会制造'两个中国'的阴谋,我们就与之断绝关系,在这个问题上中国人民和运动员立场是异常鲜明的。与奥委会断绝关系,我们照常可以大搞体育,明年召开的第一届全国运动会,规模空前,光运动员就有一万多,奥运会哪一次有这么多运动员?我们体育工作者和运动员拿出中国人民固有的伟大气魄,乘长风破万里浪,快速度提高运动成绩,赶上世界水平,这是我们体育工作者和运动员义不容辞的责任,也是祖国交给的一项光荣任务,我们一定能胜利完成。"

在马约翰等清华体育教师的专业指导下，许多清华学生的体育运动的水平逐渐接近专业运动员，而体育对学生而言，除了可以获得竞技荣誉，更大的价值还是通过锻炼，养成好习惯，拥有健康的体魄。

马约翰曾在1950年创刊的《新体育》杂志上发表了体育是一门科学的观点，1957年，他在《新体育》上发表的《和青年谈体育锻炼》一文再次深入阐释了体育科学性的理念，这篇文章也标志着马约翰科学体育思想的成熟：

> 体育是增强体质的一门科学。它专门研究从事体格的活动，使得一个人在身体的各个方面达到最健全的程度。……
>
> 体育是在各种科学基础上建立起来的。体育是用来对付一个人身体的发展，要使体育能达到目的，必须精通与熟悉许多的科学理论与知识。体育所牵涉的范围很广，必须掌握和应用有关理论与知识，才能正确地使身体得到发展与增强。
>
> 我们想要练好器械、跑、跳等运动，一定要掌握科学的根据，就是首先必须熟悉物理学、人体机动学、心理学、生理学等等，才能更好地发展体能，提高技术。
>
> 要使一个人心脏机能增强，我们也一定要先熟悉解剖学、生理学、医学等，然后再针对个别情况，进行适当锻炼。假如锻炼反而出了毛病，那就是没有掌握好科学的根据。

学生胡方纲接受了马约翰等教师的科学指导，逐渐从一个业余运动爱好者变成了专业运动员，最后还获得了运动健将的荣誉。他曾在《为祖国健康地工作五十年》一文中回忆着他在学校的体育蜕变："我们跳远组的教练是王英杰、刘儒义和陈兆康。马老和夏翔老师也经常到田径场上亲自指导我们,和马老有了更直接的接触。练习跳远项目需要有很快的短跑速度,我用很大的精力在提高短跑速度上,但起跑技术一直很差。马老多次亲自指导我如何掌握起跑技术,在烈日下一遍又一遍地教我去掌握起跑时的角度和步幅。后来在1959年4月北京市运动会上,我以14.77公尺的成绩打破了男子三级跳远北京市纪录,并取得冠军。……从此我更加热爱体育锻炼,每天下午四点半,放下功课来到操场已成习惯。"

为了迎接新中国成立十周年,第一届全国运动会决定于1959年的9月13日到10月3日在北京盛大举行,由马约翰担任全运会的田径总裁判。

为了迎接这次盛会,北京市开始紧锣密鼓地选拔运动员参加集训,清华田径队共抽调了30名运动员进入集训。清华大学计算机教授吴文虎在当年还是一名在校学生,他担任北京田径集训队的队长,带领田径队员胡方纲、举重队员李延龄、摩托车队员何浩等运动员一起训练。

清华大学对运动员的学习成绩要求非常严格,考虑到脱产训练会严重影响学业,清华大学就补贴经费在校内设立了一个集训基地,既保证了参加集训的20多位同学的训练,也保证了他们在训练之余可以跟班学习。对于必须脱产集训的同学,学校也在集训、比赛结束后为他们制定了补课计划,或是允许他们延迟一年毕业。

吴文虎在集训时感到压力很大,他不仅要完成自己的训练和学习,还要做好领队的工作,照顾其他队员。这段时间里,他从电机系调换到自动控制系上四年级,他的宿舍也换到了新的班级宿舍,当时这个系是保密的,一本书甚至一个笔记本都不许学生带回宿舍。班上

马约翰指导吴文虎（左一）等学生

的同学十分热心，他们帮吴文虎把笔记抄在他的笔记本上，以便他回来补课学习。体育上要出成绩就更需要加大运动量训练，最后，吴文虎既实现了体育成绩的提升，学习也没有落下。

1959年9月13日，第一届全国运动会在北京工人体育场隆重开幕，毛泽东主席、周恩来总理等国家领导人出席了开幕式，工人体育场座无虚席。清华大学有12名学生代表北京市参加了田径、自行车、摩托车等项目。这一年也是全国三年困难时期，运动员们却不受其影响，保持着昂扬的斗志和饱满的精神风貌。

马约翰作为田径总裁判，在比赛过程中刚正不阿，在这段日子里，77岁的他常常早出晚归，在赛场上连续工作好几个小时也不休息。有人劝他休息一会，他摇摇头说："我这是积极的休息。"

篮球决赛时，解放军对阵北京队，马约翰坐最后一排观赛，隔一排是周总理、北京市市长彭真和将军罗瑞卿。彭真和罗瑞卿为"谁是冠军"的话题打起了嘴仗，周总理便回过头来问马约翰："谁赢？"

马约翰回答说："双方实力接近，不好说。"

全运会还没闭幕，马约翰就参加了隆重的建国十周年庆祝大会，他在清华大学1936届校友、国家体委副主任荣高棠的引见下，见到了毛主席。毛主席热情称赞马约翰身体健康。回校后马约翰非常高兴地说："毛主席说我是新中国最健康的人。"

全运会圆满落幕，北京队最终取得了第三名的成绩，获得了铜牌，运动会的盛况让马约翰十分振奋，运动员的成绩也让他感到骄傲和欣慰，他在《社会主义的美》一文中表达了他内心的激动："我想：现在打破全国纪录和世界纪录是那么容易，那么普遍，就像家常便饭的事；而从前，国家纪录虽然低得可怜，却还很难打破，就像沙漠上长树那么困难。前后对照一看，真有霄壤之别。在这里，我不能不痛快地说，党提倡的群众体育运动，真正取得了很大的成功，我们的路走对了。这是很值得我高兴的，我觉得非常地美！"

百年巨匠 Century Masters 马约翰 Ma Yuehan

第二十章 健康工作五十年

20世纪60年代初，马约翰的小孙子马迅还在上小学，有一天，马迅去北京农业大学找外公，没想到，爷爷马约翰骑着自行车来了，马约翰得意地告诉孙儿他刚才正跟清华的自行车队比赛。当时的清华自行车队颇有名气，队员里还有十几次打破自行车比赛全国纪录的张立华，马约翰骑着他的轻便自行车和车队的学生们一路从清华大学骑到了香山，最后竟然拿下了第一名。马约翰炫耀一番后，开心地骑车载着孙儿去找他外公了。

　　后来，马迅听自行车队的学生说起这事，原来他们也怕马老累坏了，故意让着他，然而这半小时的自行车车程也证实了马老不容置疑的体能，确实是宝刀未老。

　　马约翰经常骑车上下班。从清华体育馆到他家的路上有一条小河，河上有座桥，在马迅的记忆里，爷爷在过桥的时候摔过一次，好在人安然无恙。马约翰也在《我的健康是怎样得来的》一文中回忆起一次有惊无险的骑行经历："有一年冬天，我骑着自行车要驶过清华大学院内的一个土山，下坡时，我一时不慎从车上摔下来，沿着山坡骨碌骨碌地滚到山下，自行车也滚在一旁。如果一个普通六七十岁的老人，很可能爬不起来，或者因为摔得很厉害而患中风病，但我却满不在乎，爬起来用手拍拍身上的雪，继续骑着自行车前进。几年来，我这样摔倒过几次，因为我身体健康，并没有发生什么意外。"

　　马约翰对清华的长跑队进行长距离训练时，也常亲自带着吴文虎等队员从清华西校门跑到香山,再跑回来,队员们都对他心服口服。

吴文虎在《运动员的楷模》一文中回忆了当年运动场景:"(冬训计划)经常要从体育馆出发,跑到香山再折回来。队员们本来都是准备着线衣线裤跑的。看到马老在寒风中依然是那身单薄的着装,有人提议,咱们也练练,只穿背心短运动裤出发,就这样一路顶着西北风,越跑越有劲。对马路上的骑车人,见一个超一个,一个冬天下来,身体素质与耐久力有了很大提高。更重要的是锻炼了自己的毅力和克服困难的勇气。这一年我和我的队友们一样,不但在体育成绩上有了很大提高,在学业上也取得了全优的成绩。"

马约翰七十多岁了,身体和精神依然很好,他每天仍在进行着紧张的工作和学习,还保持着每天一个小时以上的体育锻炼。遇到下雨和下雪的天气,户外不能锻炼,他就在室内原地跑步和做徒手操。在外开会或视察工作的时候,没有学校那种方便的条件,他就因地制宜地想出一些办法来锻炼。比如,用跑楼梯来锻炼腿力,拿着椅子举上举下,锻炼臂力,他绝不会因为缺乏运动器材或者工作忙而停止锻炼。

马约翰每个星期总会去机关、学校或工厂作报告,给他们讲解毛主席"发展体育运动,增强人民体质"的指示意义,向他们普及正确锻炼身体的方法。马约翰常常一讲就是三个小时,经常忙到深夜才回家。

他除了认真参加政治学习,每天中午还要看一小时的报纸。另外,他还看一些运动生理和医疗体育方面的书,系统地学习专业知识。为了借鉴苏联的体育经验,他每天至少要学习一个小时的俄文,他在71岁时已经能够翻译一些简单的苏联体育文章了。

马约翰常收到许多青年的来信,大多是求助信。青年们由于身体素质问题，常常不能适应紧张的学习和工作，他们便向马老求教锻炼身体的方法。马约翰对此非常重视，一定会抽时间给他们回信。

学校有不少学生向他倾诉自己有神经衰弱的毛病，马约翰对这种奇怪的病不以为意。一天，又有一个神经衰弱的学生来找他诉苦，学生刚说了几句就开始掉眼泪，说自己晚上睡不着觉，白天也没法高效听课，越说越伤心。

马约翰没等他说完，就冲着学生的肚子打了一拳，学生瞪着两只大眼睛问道："你为什么要打我！"

马约翰噗嗤一声笑了，对他说："你说你神经衰弱，看你的紧张样子！"

学生竟无言反驳，也跟着笑了。后来，马约翰带着这位学生到球场上，跟着他跑，跟着他拉杆子，球场有人打篮球，马约翰让他把球抢过来，他也能立马把球抢到手。

马约翰笑着说："你看你神经不但没毛病，还挺不坏呢！你既能抢球，你就和他们打一会儿球吧！"

学生打了5分钟的篮球，马约翰就叫他下场去洗澡。到了晚上，学生高兴地来找马约翰，说他现在精神好极了，好像没病了。后来，那学生果真没病了。

傅作义将军的女儿傅冬是《人民日报》的记者，她在1956年去采访马约翰教授时，对他印象非常深刻。傅冬刚到清华大学体育教研室时，马约翰正好就在，但马约翰告诉她说："对不起，这会儿没空，我正要去看教师怎么样上课，你们先和夏翔先生谈谈好不好？"

马约翰说完就匆忙离开了。没多久，马约翰回来了，但他还是没时间接受采访，因为有一个神经衰弱的学生要来找他谈，傅冬只好去马老的家里等他了。

马太太戴娉恩在家接待了傅冬等人，60多岁的她头发还是黑黑的，整个人看上去顶多像40岁。马太太抱歉地对傅冬他们说："没办法，找他的人太多了，有些人得了病不愿给医生说，来找他想办法。他每天都要收到三四封信，这些信有从内蒙古来的，有从山西、河北来的，连新疆维吾尔族都有人来信，信里不是问他怎么锻炼身体，就是问他有病怎么治，还有的问他怎么当体育教师。"

戴娉恩用手指了一下桌子，桌上摆着一大堆信。许多机关、工厂、学校也寄信来请他作报告，有好多信已由校长办公室直接代为回复了，学校担心马先生讲话太多，就没有转给他。尽管这样控制来信和邀约，马约翰在3月份的讲演日程表也早就排满了。

他们正聊着，马约翰就骑着自行车回来了，外面刚下过雪，路很滑。傅冬他们十分惊讶，因为他们来的时候，有好几次差点滑倒，75岁的马老还敢在冰道儿上骑车！

"这算什么！谁要是追我，我还和他比赛，看谁骑得快呢！"马约翰笑了，他一边说话，一边脱下外套，只留一件白衬衣和毛背心。

傅冬在1946年时就在昆明的西南联大念书，她每星期都要上马老的体育课。她知道马老一年四季都穿着白单衣白单裤，冬天也是如此。然而十几年过去，年过七旬的他竟然还是老样子，穿着单衣单裤，有所不同的是把夏天的白色单裤换成了冬天的蓝色单裤。马老如今的气色非常好，面色红润，眉毛反而比以前更黑了。

马太太说道："不但眉毛变黑了，连头发也有黑的了。这大概是返老还童吧！"

马约翰还一本正经地说："什么道理，现在还没查出来，但不管怎样，这总是好现象。"

马约翰这十几年来，精神越发比以前好了。夏天开运动会时，他站在大太阳底下，戴着帽子站三天，从不头昏眼花。去年他去开滦煤矿井下视察，先是坐运煤的小车斗行驶 50 分钟，下车后又弯着腰爬了几十分钟，好多身强力壮的年轻人都吃不消，他却一点不适都没有。

大家聊得热络，马太太拿来一瓶糖请大家吃，傅冬他们一人拿了几块，但马老一块也不要，依然保持着不吃零食的老习惯。

马约翰的一个女儿也是傅冬的同学，女儿常对别人说，爸爸的日程表就和火车表一样，到时间就开动，每天在一定的时间起床、睡觉，在一定的时间做操、打球。日程表几十年如一日，很少变动，因为马约翰总说："要锻炼，就要经常！要持久！"

傅冬他们从上午谈到下午四点半，马老看了看表说："我要去看同学们锻炼。"

他们中间有一个人突然问道："马老打算活多少岁？"

"我吗？我打算活 150 岁。"说完，马约翰的"火车"又发动起来，

马约翰在练习网球

马约翰在机关单位作报告

他匆匆出门，奔向下一个目标。

1958年，已经76岁的马约翰与一位中年教师合作，两人一举夺得北京市网球双打冠军，马约翰因此达到了一级运动员的标准，这个年纪还能取得这样的成绩，让人不得不服。

这一年，周总理召开各部部长会议，当时请来了中华全国体育总会主席马约翰参会，周总理在会上对体育问题先做了自我检查，认为自己在思想上对体育不够重视，然后他再对各部部长说："你们在思想上都重视了吗？请马老视察一下。"

周总理一发话，各部门都来请马约翰作动员报告，马约翰几乎有求必应，废寝忘食地为大家作报告，他经常累得三叉神经痛，就用手捂着下颌痛处，适当缓解一下。大家总是担心他的身体健康，他却说没事。他作报告时，总是充满激情，整个过程掌声雷动，所讲的内容也让大家倍感受益。

马约翰鼓励和提倡"劳逸结合"，有些年轻人把"逸"理解为纯

马约翰与外校大学生座谈

粹的休息，甚至当成了不锻炼的借口，马约翰在《漫话健康和劳逸结合》这篇文章中对这种片面的观点进行了批评："有些人对'劳逸结合'中的'逸'理解很片面，认为'不动就是逸'。我理解'逸'，是从动中求逸。当你工作的时候，一部分神经细胞很紧张地在活动，当你运动的时候，这部分细胞就处于抑制和休息。所以坚持经常运动，新陈代谢就会旺盛，精力充沛。"

他在《感谢党的关怀》一文中同样强调了"劳逸结合"的正确方式："听说有些年轻人现在不爱锻炼了，课外活动时间也不到操场上活动活动，有的甚至连课间操都不做了。他们说：不动就是逸，这样做是'劳逸结合'。这种对劳逸结合的看法是比较片面的，没有从积极方面来看，逸的目的是为了劳动好，为了更好地进行学习和工作，我理解劳逸结合的逸是包括从动中求逸和体育锻炼的思想在内。从事长时间的脑力劳动后，参加一下体育活动，或者工作和学习后翻翻地种菜，都是一种很好的调剂。"

马约翰在校工作五十年的庆祝会

马约翰的观点正如他在1959年第一届全国运动会上所做的亲身示范，他在赛场上连续工作好几个小时之后，有人劝他休息一会，他却摇摇头说："我这是积极的休息。"

1964年，是马约翰在清华大学工作的第五十个年头，学校为他举行了执教五十年的庆祝会，蒋南翔校长在会上激动地说道："我们热烈祝贺马约翰先生在清华服务五十年，就是要认真向他学习。学习他跟着时代前进，自觉地进行自我改造，不断进步的精神；学习他热爱工作，勤勤恳恳，数十年如一日的精神；特别是学习他终身不懈地进行体育锻炼，把身体锻炼好，以便向马约翰先生看齐，同马约翰先生竞赛，争取至少为祖国健康地工作五十年！"

从此以后，"争取至少为祖国健康地工作五十年"成为清华大学的一个经典口号，每到下午4：30，广播里就会响起"为祖国健康工作五十年"的宣传语，这句深入人心的箴言，也成了无数清华人一生的奋斗目标。

马约翰讲话时微微带有一点福建腔调，他的中学和大学都是教会学校，所以他的英文比中文好，他常用英语对学生们说：

"You, the young men, must train your muscles!"

（你们年轻人，必须锻炼肌肉！）

"Come on, young men! Let's do some physical exercises!"

（加油，年轻人！让我们做一些体育锻炼吧！）

"Young men, you must make your body strong so that you can work healthily for our motherland for fifty years!"

（年轻人，你们必须让身体变得强壮，这样你们才能为祖国健康工作五十年！）

百年巨匠 马约翰 Ma Yuehan Century Masters

第二十一章 全国的马约翰

1914年秋到1966年10月,马约翰先后在清华园的照澜院16号、胜因院31号居住。照澜院16号是位于二校门与邮局之间马路东侧的一处四合院建筑。在马约翰儿媳陆慈的记忆里,那时院子的大门很少关着,旁边有高度不及大门一半的绿色小门。北屋中央的客厅面积很大,可容纳40人一同开会,旁边是卧室,父母和孩子的三张床并排放着。尽头有盥洗室。南屋是饭厅,摆放着两张圆桌。东厢是厨房和卫生间。

马约翰一生勤俭,家中的陈设都十分简朴,除了必要的沙发、茶几和五斗橱之外,还有家人都爱的一架钢琴和曼陀铃。

马约翰喜欢摄影,他拍摄了大量清华园的照片,还特意在家中辟出了一间暗室,常和儿女们一起洗相片、上色。钢琴上挂着一张最大的照片,照片里是美不胜收的荷花池景。

1952年"院系调整"后,马约翰就迁居到了胜因院31号。家中陈设是一如既往的简朴。马约翰爱花,他每逢佳节都要从学校花房借来几盆花,青瓦花盆嵌在红色木质雕花底座上,典雅温馨又富有生机。

马约翰一生都有着严格的作息,他每天早上6点起床,先做一套自编的徒手操,再练太极拳和太极剑,随后到学校开始一天的体育教学工作。他上班、下班都骑自行车,这也成为他的锻炼方式之一。他晚上睡觉前散步几分钟,睡前洗脸、刷牙、洗眼睛,把窗打开,临睡前

在家锻炼的马约翰　　　　　1961年,坚持锻炼的马约翰

会到外面去做深呼吸。这个时候,他什么也不想,什么也不看,谁来也不答理。做完深呼吸,他就回屋关好窗户,把屋子弄得不冷不热,再静静躺下。

1965年5月的一天,几个清华校友回到清华园,他们特意拜访了马约翰,马约翰一见他们就十分欢喜,他仍然清楚地记得他们的名字,其中一人是1919年考入清华的张报。这时候的马约翰已经83岁,他的身体仍旧壮硕如松,学生们问他长寿的"秘方",他说"秘方"就是"运动加愉快"。

张报他们看见马老家的墙上挂着他在清华教学40周年时得到的锦旗和照片,马老谦虚地说,他做得还很不够,还要努力再努力,工作再工作,还补充说自己即将担任秋季举行的第二届全国运动会总裁判。

张报等人告别之前,与马约翰夫妻二人在院子里合影留念。后来,张报把相片寄给马约翰,还在相片后题了一首诗:

回清华园

故黉四十五年前，老大归来叹逝川。

平地楼台迷旧路，满园桃李庆新天。

荷花池畔寒光闪，工字厅旁异彩添。

劲节苍松犹识我，相期报国老弥坚。

1966年3月，马约翰因心肌梗塞住进了医院，好在有惊无险，最终身体得以恢复过来，但从这之后，马约翰在生活上就格外注意了。

学生张报听说马老在医院治疗，专程去探望他。当时的马约翰依照医嘱躺在床上，面色依旧很好，精神尚可。马约翰说患"牙痛"小病，用不了多久就可以出院，还请张报再到他家做客。

7个月后的一天晚上，马太太戴娉恩给马启伟打来电话，说父亲马约翰突然昏倒了。马启伟赶到现场后，马约翰已经不省人事。因为怕受震荡，马启伟双手抱着父亲，先到了清华校医院救治。当时校医院条件有限，马启伟又抱着父亲去了北医三院，随后又辗转到北京阜外医院。结果，父亲马约翰最终还是未能抢救过来。

1966年10月31日这天，马约翰因心脏病复发，永远离开了这个世界，享年84岁。

马约翰去世后，马太太戴娉恩极其痛心，对着遗体说："你等我，3年后我来找你。"就在马约翰逝世3周年前3天，戴娉恩也离开了人世，她的离开也许是一种得偿所愿的巧合。

马约翰从1914年来到清华执教，直到1966年去世，他走完了长达52年的体育教育之路，成为当时清华大学里，唯一一个所有学生都认识的老师。他在体育教学、体育竞赛、体育健身、体育理论等方面为清华大学乃至全国留下了宝贵的财富。

马约翰和南方的吴蕴瑞合称"南吴北马",他和董守义、袁敦礼两位体育界泰斗并称为"北方三杰"。马约翰这位体育家、体育教育家、体育理论家,是我国体育教育事业的先驱之一,是我国近代体育界、体育教育界的一面旗帜。

1984年4月,《体育报》上报道了一则消息:

> 由国家体委推荐,经党中央和国务院有关部门批准,"将为在新中国体育事业中做出了突出贡献的马约翰建立纪念性雕塑"。

时任福建省委第一书记项南向有关部门提出:"国家为马老建纪念性雕塑,这是对福建全省人民的鼓舞。马老的故乡是著名的侨乡鼓浪屿,他的塑像如能建在那里,很有意义,也可促进福建体育运动的开展。"

不久之后,马约翰的雕塑挺立在了鼓浪屿人民体育场旁的广场上,他面带微笑,炯炯有神地看着广场上运动的人们,注目着中国体育事业在时代洪流中的蓬勃发展。

马约翰去世后,清华的体育工作受到了"文革"的冲击,"第一堂体育课"被撤销。到了1997年,学校重新启动了"第一堂体育课",但大礼堂只能容纳1000人左右,学生人数太多,学校暂时找不到一个可以容纳所有人的场所,于是,学校安排了一部分学生在大礼堂听课,剩下的学生,只能分散坐在各个教室里。

学校邀请了时任国家体育运动委员会主任伍绍祖来为学生们上课,他在1957年考入了清华大学的工程物理系,也是马约翰教过的学生,听过马老亲授的"第一堂体育课"。在大礼堂里,一位即将毕业的研究生刘波坐于台下,他认真听完了伍绍祖讲授的"第一堂体育课",感受着马约翰的思想理念和体育精神,仿佛听到了马老的谆谆教诲。

"第一堂体育课"在昙花一现之后再次中断,直到2014年,清华大学党委书记陈旭提出了恢复"第一堂体育课"。当初坐在大礼堂听课的研究生刘波如今已是清华大学的体育部主任,马约翰是清华体育部第一任中国籍主任,刘波接过马约翰传承下来的体育教学重任,深感责任重大。这年9月,清华大学开学,一批新生开始迎来了"第一堂体育课",聆听着这份跨越半个世纪的体育思想精神。

清华大学的体育教育经历百年沉淀,已成为学校根深本固的一种文化符号,学生们曾以戏谑的方式将母校称作"五道口体校"。如今,每年一度的清华大学"马约翰杯"田径运动会、清华附中"马约翰体育特长班"成为清华人纪念马约翰先生的独特方式,值得告慰先生的是,现在的中国已经成功举办了两届奥运会,清华大学已为国家培养出了29名奥运冠军和世界冠军。

校园体育是我国体育事业的重要组成部分,是培养青少年强健体魄、健康心理和坚毅品质的重要阵地。清华的故事里,不能没有体育,清华体育的故事里,不能没有马约翰。从清华学生自发地喊出"无体育,不清华"的口号那天起,马约翰的体育教学理论《体育的迁移价值》已经根植沃土,向阳而生。

现代体育已经深入影响到社会的各个领域和方方面面,"清华的马约翰"逐渐成为"全国的马约翰"。经过百余年的凝练,体坛宗师马约翰"奋斗到底,决不放弃"的理念已成为体育精神的最好诠释。

参考书目

- 刘波、乔凤杰、刘璐璐：《踵事增华——马约翰体育思想的实践、传承与创新》，清华大学出版社，2023年。
- 陈旭：《为祖国健康工作五十年》，清华大学出版社，2007年。
- 周学荣、马晓燕：《马约翰体育思想研究》，人民体育出版社，2008年。
- 全国政协文史和学习委员会：《回忆马约翰》，中国文史出版社，2017年。
- 叶宏开、韦庆媛、刘波、田芊：《体育与人格并重》，清华大学出版社，2011年。
- 清华大学《马约翰纪念文集》编辑组：《马约翰纪念文集》，中国文史出版社，1998年。
- 黄延复：《马约翰体育言论集》，清华大学出版社，1986年。
- 傅浩坚：《中国近代体育史的传奇人物——马约翰》，北京体育大学出版社，1998年。
- 鲁牧：《体育界的一面旗帜——马约翰教授》，北京体育大学出版社，1999年。
- 叶宏开、韦庆媛、冯茵：《挺起胸来——清华大学百年体育回顾（上）》，清华大学出版社，2009年。
- 叶宏开、韦庆媛、冯茵：《挺起胸来——清华大学百年体育回顾（下）》，清华大学出版社，2010年。
- 罗时铭：《中国体育通史》（第三卷），人民体育出版社，2008年。

- 罗时铭、赵戡华:《中国体育通史》(第四卷),人民体育出版社,2008年。
- 傅砚农:《中国体育通史》(第五卷),人民体育出版社,2007年。
- 西南联合大学北京校友会:《国立西南联合大学校史》,北京大学出版社,1996年。
- 郭樑:《体坛宗师——清华师生记忆中的马约翰》,清华大学出版社,2013年。
- 清华大学校史研究室:《清华漫话》,清华大学出版社,2009年。
- 邓卫:《清华史苑》,清华大学出版社,2011年。
- 徐以骅(主编)、上海圣约翰大学校史编辑委员会(组编):《上海圣约翰大学(1879—1952)》,上海人民出版社,2009年。

档案、史料:

- 美国春田学院档案资料Springfield College Library (https://springfield.edu/library-services)。
- 清华大学校史研究室:《清华大学校史资料选编》(第1卷),清华大学出版社,1991年。
- 清华大学校史研究室:《清华大学校史资料选编》(第2卷)(上、下),清华大学出版社,1991年。
- 清华校友总会:《清华校友通讯录》,复1-复62期,清华大学出版社,1980年—2010年。
- 北京大学、清华大学、南开大学、云南师范大学:《国立西南联合大学史料》,(1—6卷),云南教育出版社,1998年。
- 清华大学:《清华周刊》,1916年—1948年。
- 清华大学:《新清华》,1953年—2021年。

编导手记

奋斗到底　决不放弃

本集编导　孙秀峰

"您过来吧，我愿意接受您的采访，您问题提纲里的几个方面我都亲身经历。最主要的是因为马约翰教授是我的恩师，对我影响非常大。"

电话另一端是清华大学计算机系教授吴文虎先生，他洪亮的声音在电话里听着非常亲切，这让我悬着的心放了下来，因为马约翰先生教过的仍健在的学生如今都已耄耋之年，所以有些担心老先生的身体状况，看来我的担心是多余的。

七月的北京热得通透，走在街上几分钟衣服就被汗水打湿。和吴文虎先生约在他居住的清华大学荷清苑小区社区活动室进行拍摄，我们早早就到了这里，在布置灯光机位的时候从社区工作人员那里得知，社区活动室墙上的大合唱照片里，吴文虎先生是领唱。

吴文虎先生对这次访谈非常重视，做了几天的准备工作，当他提着资料袋出现在我们面前的时候，汗水已经湿透了衣襟。

一提起马约翰，吴文虎的话匣子就打开了，讲起他参加长跑队是深受马约翰老师的影响，讲起他和马约翰老师的点点滴滴的往事。能看出他和马约翰老师的感情非常之深，谈到当年体育锻炼的细节时他甚至有些哽咽，话语里充满了幸福。他说之所以现在能有硬朗的身体，得益于当年马约翰老师的指点，他说清华重视体育教育，是从马约翰那时候开始的。吴老先生从马约翰"奋斗到底，决不放弃"的体育精神，延展到他所从事的计算机教学，讲到要科技兴国，要奋发图强。吴文虎说，我们不努力不行，我们不能老那么落后，要像马老那样，"干、干、干！永不服输！"

马约翰的《体育的迁移价值》理论是清华大学体育育人的理论基础。马约翰在一百年前就提出，通过体育培养的优秀品质同样可以表现在社会生活中，因此体育是产生优秀公民最有效、最适当和最有趣的方法。

如今清华大学操场上"为祖国健康工作五十年"的巨大标语也体现出清华学子锻炼身体，报效祖国的坚定信念。这个标语源自于蒋南翔校长在全校体育工作会上的倡议，因为马约翰精神矍铄、身体康健，79岁时还获得了国家网球一级运动员称号。蒋南翔在会上提出，清华学子要向马老一样，争取为祖国健康工作50年。一代又一代的清华学子践行着这个目标。

我在2023年4月的最后一个星期日，也就是清华大学校庆日那天去清华校园拍摄，因为这一天也是清华大学第66届"马约翰杯"学生田径运动会开幕式，校方邀请了历届的清华毕业生代表来参加。很幸运遇上了1953届的老毕业生返回母校，这些老人个个体格硬朗，得知我是要拍摄"百年巨匠"《马约翰》这集时，都主动走上前来讲他们当年在马约翰的教导下如何锻炼身体，说他们都完成了"为祖国健康工作五十年"的目标，有的甚至工作超过60年。老人们表示能有健康的身体得益于清华大学时期马约翰老师的指导，养成了良好的锻炼习惯。其中一位清华学子说，当年他们经常去马约翰家里，马约翰的夫人会准备水果点心给学生们吃，顿时一幅温馨的画面呈现在我的脑海里。

马迅先生是马约翰之孙，谈起马迅先生，不得不说他和爷爷长得太像了。因为之前准备图片视频资料的时候，马约翰的形象就刻画在我的脑海里，和蔼可亲，慈眉善目。第一次到马迅先生家里前采，见到马迅先生时我惊呆了，这爷孙俩眉眼之间高度相似。我恍惚之间感到穿越了历史，之前的一些疑问一股脑地抛出来，马迅先生把他和爷爷相处的往事向我娓娓道来。应该说，马约翰的文体基因得到了很好的遗传，马约翰之子马启伟也就是马迅先生的父亲，是中国女排的第一任主教练，后担任北京体育大学的校长，为中国的体育事业做出了卓越贡献，而马迅先生遗传了爷爷的音乐基因，从事艺术体操的音乐创作工作。他还将爷爷创作的《生命圆舞曲》用MIDI制作出来，我将这段音乐放在纪录片中讲述马约翰全家的段落中。

马迅的夫人缑小燕女士是北京体育大学的博士生导师，也是中华人民共和国第一批女子艺术体操运动员。马迅和缑小燕夫妇琴瑟和鸣，两位给我的印象特别亲切。更深的了解还是一同前往昆明西南联大博物馆时，摄制组非常担心旅途劳顿影响两位老师的休息，可是令我们没有想到的是，马迅和缑小燕夫妇的身体不比我们年轻人差，他们甚至有时候还帮我们拿拍摄设备。我们摄制组的几个同事深受缑小燕老师的影响，连走路都挺直腰板，精气神十足。用缑小燕老师的话说，这是因为深受爷爷马约翰提出的体育精神的影响，这种精神已经深深融入身体里、思想里。

马约翰被人们尊称为体坛宗师，是中国体育界的一面旗帜。他一生从事体育教育事业，而且一直在体育教学的第一线。在西南联大采访时我们看到了非常艰苦的教学环境，但那时候马约翰从未间断过教学，他带领学生坚持锻炼，强体报国。令人感到惋惜的是，在昆明西南联大时期，马约翰的长子和长女因为家里经济拮据无钱治病而离世。而马约翰生活本可以不这样拮据，因为他经常受邀参加社会上主办的体育活动，在不影响教学的情况下他都会积极参与，可是每回他都拒收报酬，不免让人感到这种"红烛"精神是多么可贵。

在马约翰的出生地鼓浪屿和他曾就读的上海圣约翰大学（今华东政法大学）采访时都非常顺利，清华大学更是提供了珍贵的资料，这个纪录片能顺利完成拍摄，是因为这样一位师者备受国人尊敬。他是一个普通的体育教授，又是一个充满爱的长者。恰恰是因为一生只为体育教育事业的执着，才有了如今人们对他极高的评价和认可，清华大学将马约翰的塑像立在他曾经工作的清华大学西大操场旁边。

看过马约翰先生年轻时照片的人都会说他长得很帅。的确，马约翰很帅，后来我发现他在清华大学体育部的同事都很帅，可能是体育锻炼会把人塑造得积极阳光的缘故吧。我在采访清华大学体育部党委书记马新东和体育部主任刘波的时候也打趣地说："咱体育部是不是有个传统，纳新同事的时候先考察颜值呀，体育部的老师咋都这么帅气！"

"第一堂体育课"是马约翰开创的，由他本人亲自给新生讲体育的重要性，如何强健身体，报效国家。清华之所以重视体育是因为这是一种传承。如今清华大学的新生入学后还是要上这"第一堂体育课"，主讲人是体育部主任刘波。刘波在访谈中，除了讲述马约翰的故事之外，还讲了很多当下校园体育教育的现状，他结合当下青年学生的锻炼习惯，讲述了清华大学是如何开展体育教育的。迄今，清华大学走出了29位奥运和世界冠军，这也是对马约翰先生最好的告慰。

如今我们生活在幸福的国度里，是因为我们的国家强大了，可是居安思危，我们不能忘记被人称为"东亚病夫"的历史，要将"奋斗到底，决不放弃"的精神贯穿到工作和生活当中。

从毛泽东主席提出"发展体育运动，增强人民体质"，到习近平总书记在党的二十大报告中提出"促进群众体育和竞技体育全面发展，加快建设体育强国"的号召，我们要坚持以时不我待、责任在我的主人翁心态积极锻炼身体，学习科学文化知识，报效祖国。

图书在版编目（CIP）数据

马约翰 / 陈宏，曾丹，孙秀峰编著. -- 北京：外文出版社，2025. 4. -- （百年巨匠）. -- ISBN 978-7-119-14046-9

Ⅰ．K825.4

中国国家版本馆CIP数据核字第2024MY1857号

总　策　划：胡开敏　杨京岛
统　　　筹：蔡莉莉
责任编辑：祝晓涵
特约编辑：曲鄰衡
封面设计：北京夙焉图文设计工作室　子　旃
正文制版：魏　丹
印刷监制：章云天

百年巨匠·马约翰

陈宏 曾丹 孙秀峰 编著

©2025 外文出版社有限责任公司
出　版　人：胡开敏
出版发行：外文出版社有限责任公司
地　　　址：北京市西城区百万庄大街24号　邮政编码：100037
网　　　址：http://www.flp.com.cn　电子邮箱：flp@cipg.org.cn
电　　　话：008610-68320579（总编室）　008610-68996167（编辑部）
　　　　　　008610-68995852（发行部）　008610-68996185（投稿电话）
印　　　刷：鸿博昊天科技有限公司
经　　　销：新华书店 / 外文书店
开　　　本：710mm×1000mm　1/16
装　　　别：平装
字　　　数：200千
印　　　张：17
版　　　次：2025年4月第1版第1次印刷
书　　　号：ISBN 978-7-119-14046-9
定　　　价：58.00元

版权所有　侵权必究　如有印装问题本社负责调换（电话：68996172）